全国基层
文化队伍培训用书

图书馆业务工作
相关标准规范概览

申晓娟　主编

Training Books for
National Grassroots Cultural Teams

北京师范大学出版集团
BEIJING NORMAL UNIVERSITY PUBLISHING GROUP
北京师范大学出版社

总　序

公共文化服务体系建设是满足公民基本文化需求、维护公民基本文化权益的保障，是解决好文化发展不平衡不充分问题的重要方式。近年来，中共中央、国务院高度重视公共文化服务体系建设，随着《中华人民共和国公共文化服务保障法》和《中华人民共和国公共图书馆法》等一系列政策法规的出台、实施，我国公共文化服务体系布局日趋合理，资源建设日渐丰富，服务能力不断提高，人民群众的幸福感日益提升。

加快构建现代公共文化服务体系，队伍是基础，人才是关键。为提高基层文化队伍理论素养和业务能力，文化和旅游部自2010年启动全国基层文化队伍培训，并组织编写"全国基层文化队伍培训用书"。首批18种图书出版后，受到全国文化系统学员的普遍欢迎。为适应新时代公共文化服务发展的新要求，第二批"全国基层文化队伍培训用书"选取当前实践中的热点问题，重点涵盖公共文化服务理论政策、实践案例及工作实务三方面内容，突出科学性和实用性，为相关从业人员提供规范、有用的指导参考。

"全国基层文化队伍培训用书"由文化和旅游部公共服务司指导，中央文化和旅游管理干部学院组织编写，来自国家公共文化服务体系建设专家委员会和全国文化馆、图书馆的优秀专家担任主编。在编写过程中，编者查阅了大量资料，付出了宝贵的心血，在此一并致谢。丛书交付出版正值国务院机构改革之际，原文化部与原国家旅游局合并组建为文化和旅游部，因时间仓促，书中所涉部分仍以文化部为称，特此说明。受编者水平所限，书中内容难免有所疏漏，恳请各位读者批评指正。

前　言

在现代图书馆发展进程中，标准化工作对于全球图书馆事业的推广和图书馆专业技术的普遍提高产生了巨大的促进作用，也为不同国家和地区图书馆之间广泛、深入的交流与合作创造了基础条件。作为一项专门职业，图书馆工作有其独特的内容和方法。这些内容和方法在历代图书馆人的研究探索中得以不断创新、发展，并经过各类型图书馆的实践检验，最终形成了全行业广泛认同和共同遵守的标准规范。这一方面促进了图书馆行业专业发展水平的整体提升；另一方面为这些专业技术新的发展和进步奠定了更为广泛的实践基础。

2017 年 10 月 18 日，中国共产党第十九次全国代表大会上，习近平总书记首次提出"新时代中国特色社会主义思想"。这是对十八大以来我们党理论创新成果的最新概括和表述，系统回答了新时代坚持和发展什么样的中国特色社会主义、怎样坚持和发展中国特色社会主义等重大问题，是全党全国人民为实现中华民族伟大复兴而奋斗的行动指南。这一思想最重要的核心内容之一就是"明确中国特色社会主义事业总体布局是'五位一体'，战略布局是'四个全面'，强调坚定道路自信、理论自信、制度自信、文化自信"。在其指引下，当前文化建设领域和法制建设领域不断深化改革、完善政策、保障法制。标准作为一种"技术文件"，在促进事业发展、提供行业技术规范及加强国际交流中的重要作用日益受到国家各行业、各领域的重视。

自 1979 年全国信息与文献标准化技术委员会（SAC/TC 4）和 1984 年全国文献影像技术标准化技术委员会（SAC/TC 86）成立以来，我国围绕图书馆业务工作若干关键技术领域，推出了一系列在业界具有广泛应用价值的标准规范制（修）订成果。2008 年，在国家标准化管理委员会和原文化部（现文化和旅游部）的关心支持下，图书馆领域专门的标准化组织——全国图书馆标准化技术委员会（SAC/TC 389）成立，进一步推动了我国图书馆行业标准化工作的深入发展。特别是在数字图书馆关键技术应用、图书馆建设管理及图书馆服务规范等方面的标准化研究和制（修）订工作取得了新的突破，图书馆标准体系日趋完善。

然而，长期以来，由于缺乏统一、开放的信息发布平台，这些标准规范研制成果并不为广大图书馆工作者所熟悉和了解，阻碍了标准规范的宣传推广和实施应用，同时也不利于我国标准化工作在继承已有成果的基础上进一步实现创新发展。为此，全国图书馆标准化技术委员会秘书处于 2015 年年初提出"图书馆业务工作相关标准规范概览"编纂项目，旨在对我国图书馆领域现行国家标准和行业标准进行系统梳理，对其适用范围、主要内容、修订情况等进行简要介绍，为各级各类图书馆了解、学习和应用标准规范提供一份便于参考的案头工作手册。经专家审查推荐，该项目被文化和旅游部列入"第二批全国基层文化队伍培训用书"。本书即为该项目成果。

2017 年修订的《中华人民共和国标准化法》第二条第二款规定："标准包括国家标准、行业标准、地方标准和团体标准、企业标准。国家标准分为强制性标准、推荐性标准，行业标准、地方标准是推荐性标准。"第五条第一款规定："国务院标准化行政主管部门统一管理全国标准化工作。国务院有关行政主管部门分工管理本部门、本行业的标准化工作。"我国的国家标准由国家标准化管理委员会统一管理，行业标准则由国务院有关行政主管部门发布，并在国家标准化主管机构备案。

本书收录了自 20 世纪 80 年代至 2017 年年底正式发布实施的图书馆领域相关标准规范共 185 项。从标准性质来分，全书包括强制性或推荐性国家标准 148 项，推荐性行业标准 37 项；从归口管理的机构来分，这些标准以全国专业标准化技术委员会归口管理为主，包括"全国信息与文献标准化技术委员会（SAC/TC 4）""全国文献影像技术标准化技术委员会（SAC/TC 86）"和"全国图书馆标准化技术委员会（SAC/TC 389）"等全国性专业标准化技术委员会归口管理的标准，同时也包括有关部委直接发布并归口管理的行业标准（这部分标准成果主要集中在图书馆建设领域，如中华人民共和国住房和城乡建设部发布和归口管理的《图书馆建筑设计规范》《公共图书馆建设标准》等）。

本书在标准条目的组织上，第一部分设置国家标准，第二部分设置行业标准，同一属性标准按照标准编号中的标准顺序号由小到大排列。对每个标准内容的著录以正式出版的标准纸质文件为依据；对其内容信息的描述，根据标准性质及标准内容的用语总结归纳。标准内容的著录，主要包括标准号、标准名称、采用国际标准的情况（简称"采标情况"）、发布时间、实施时间、起草单位、起草人、适用范围、主要内容、修订情况 10 个方面。其中：

——标准号：根据《国家标准管理办法》第四条的规定，国家标准代号由大写汉语拼音字母构成，强制性国家标准的代号为"GB"，推荐性国家标准的代号为"GB/T"，国家标准的编号由国家标准代号、国家标准发布顺序号和国家标准发布年号构成。如《公共图书馆服务规范》的标准编号"GB/T 28220－2011"中，"GB/T"为标准代号，代表"推荐性国家标准"；"28220"为标准发布顺序号；"2011"为标准发布年号。此外，"GB/Z"代表"国家标准指导性技术文件"①，"WH/Z"代表"文化行业标准指导性技术文件"。同样，行业标准的标准号一般由标准部委汉语拼音字母构成，如"WH/T"即文化部门推荐性标准。②

——起草单位：本书完全尊重正式出版标准的原文，根据原文的不同，标准条目中起草单位的著录方式有所差别。一部分国家标准的起草单位著录为全国专业标准化技术委员会（或其分技术委员会）；一部分标准起草单位著录为具体的单位机构名称。

———————————————

① 国家标准指导性技术文件是为仍处于技术发展过程中（如变化快的技术领域）的标准化工作提供指南或信息，供科研、设计、生产、使用和管理等有关人员参考使用而制定的标准文件。

② 本书收录的建设标准的编码较为特殊，其标准编码以建设部公开发布的文件为准。

此外，由于标准化技术委员会名称的变更，导致虽然机构名称不一致，但实际上是同一组织（如"全国信息与文献标准化技术委员会"曾用名"全国文献工作标准化技术委员会"等）情况的存在；有的单位机构名称中出现全称、简称或曾用名的不一致情况（如"中国科学院文献情报中心"有简写为"中科院文献情报中心"或写作"国家科学图书馆"的情况）。

有的原文中单位机构名称错误，本书在核校中予以修正（如"中国国家图书馆"统一为"国家图书馆"，"广东省中山图书馆"改为"广东省立中山图书馆"）。

——适用范围：本数据来源于各标准中"范围"一章，一般位于标准正文的第一部分。本部分的表述既包括标准的技术内容的适用范围，又包括标准的应用对象和范围。

——主要内容：对标准文本中主要章条内容及附录等信息进行摘要描述。

——修订情况：对该标准发布以来的历次修订、更新情况进行说明。

此外，为便于读者使用，书后提供了"标准规范起草人索引"；对于近期被废止而又能反映相关技术领域标准发展沿革路径的标准，本书保留了其条目信息，并在条目最后注明"该标准于××××年×月×日废止"。

本书由全国图书馆标准化技术委员会秘书处策划并组织编写，秘书长申晓娟女士主编并统稿，李丹、胡洁参与标准条目的框架设计，田颖、马祥涛、刘宇初、黄红华参与编写，侯汉清、王雅戈编制索引，田颖参与统稿。中国科学技术信息研究所沈玉兰研究馆员对全书内容进行了审校修改，全国基层文化队伍培训用书评审专家组对书稿提出了许多很好的修改意见与建议，文化和旅游部公共服务司对本书的编写工作给予了大力支持，在此一并致谢。

当前，我国图书馆领域标准化工作正在朝着更加专业、更加精深的方向发展，适应事业发展需要的新标准不断研究制订，已有标准随着技术与行业专业性工作的创新与发展不断更新。本书仅就目前所掌握的情况，对已有国家标准和行业标准中与图书馆工作有关的标准进行了基础性摸底和阶段性梳理，难免挂一漏万，恳请业界同人不吝批评指正。

2015年1月14日，中共中央办公厅、国务院办公厅印发了《关于加快构建现代公共文化服务体系的意见》，对加快构建现代公共文化服务体系、推进基本公共文化服务均等化、保障人民群众基本文化权益做了全面部署。在此基础上，全国建立了由国家指导标准和地方实施标准相结合的标准规范体系，这为图书馆标准化工作带来了新的机遇与挑战。《中华人民共和国公共图书馆法》也于2018年1月1日起正式实施，该法对图书馆标准化工作提出了法律层面的要求，也提供了政策依据。我们期待在今后的标准化研究与标准制（修）订工作中得到大家一如既往的支持与襄助。

全国图书馆标准化技术委员会秘书处

2018年12月

目　录

二、行业标准部分 /173

一、国家标准部分

GB/T 2659－2000　世界各国和地区名称代码

【标 准 号】GB/T 2659－2000

【标准名称】世界各国和地区名称代码

【采标情况】eqv ISO 3166-1：1997

【发布时间】2000 年 7 月 31 日

【实施时间】2001 年 3 月 1 日

【起草单位】国家邮政局科学研究规划院、中国科学技术信息研究所、北京文献服务处

【起 草 人】张志云、于彤、李秀锦、真溱、沈玉兰、赵晓晨

【适用范围】

本标准规定了世界各国和地区名称的代码。本标准适用于国内外信息处理与交换。

【主要内容】

本标准正文包括 5 部分内容，分别是：范围，定义，代码结构，国家和地区名称代码及索引，用户使用指南。其中，代码结构部分主要对国家和地区名称的三种代码方式的代码结构进行了说明。三种代码方式分别为两字符拉丁字母代码、三字符拉丁字母代码和阿拉伯数字代码。国家和地区名称代码及索引部分主要由代码表和索引表两部分内容组成。其中，代码表主要包括各个国家和地区的中英文简称、三种代码方式及中英文全称，索引表则为附录。用户使用指南部分规定了因特殊目的需要扩展或变更国家和地区名称代码元素时的方法。本标准有 4 个附录：附录 A《国家和地区名称汉语拼音索引》，附录 B《国家和地区名称两字符拉丁字母代码索引》，附录 C《国家和地区名称三字符拉丁字母代码索引》，附录 D《国家和地区名称阿拉伯数字代码索引》。

【修订情况】

代替 GB/T 2659－1994。与 GB/T 2659－1994 相比，本标准有相应编辑性修改。本标准于 1981 年首次发布，1986 年第一次修订，1994 年第二次修订，此次为第三次修订。

GB/T 2901－2012 信息与文献 信息交换格式

【标 准 号】GB/T 2901－2012

【标准名称】信息与文献 信息交换格式

【采标情况】ISO 2709：2008，IDT

【发布时间】2012 年 7 月 31 日

【实施时间】2012 年 11 月 1 日

【起草单位】中国国防科技信息中心、中国科学技术信息研究所

【起 草 人】真溱、张兰、李秀锦、王莉、张志平

【适用范围】

本标准规定了一种通用的交换格式。本标准适用于各种类型文献的书目记录以及其他类型记录。本标准并不规定每个记录的长度或内容，也不赋予字段标识符、字段指示符或子字段标识符的具体含义，这些内容由执行格式规定。本标准描述了一种通用的结构，这一框架结构不是作为系统内部的处理格式，而是作为数据处理系统之间的交换格式而设计的。

【主要内容】

本标准正文包括 4 部分内容，分别是：范围，规范性引用文件，术语和定义，记录交换格式的结构。其中，记录交换格式的结构部分主要对记录的总体结构和详细结构进行了描述。总体结构主要包括记录头标、目次区、字段区和记录分隔符。详细结构对记录头标、目次区和字段进行了详细说明。

【修订情况】

代替 GB/T 2901－1992。

GB/T 3179—2009　期刊编排格式

【标　准　号】GB/T 3179—2009

【标准名称】期刊编排格式

【采标情况】ISO 8：1977，MOD

【发布时间】2009 年 9 月 30 日

【实施时间】2010 年 2 月 1 日

【起草单位】北京林业大学、清华大学出版社、中国农业科学院信息所、北京师范大学、中国科学技术信息研究所

【起　草　人】颜帅、蔡鸿程、刘春燕、陈浩元、潘淑春、沈玉兰

【适用范围】

本标准规定了期刊的编排格式。本标准适用于各种期刊的编排工作。

【主要内容】

本标准正文包括 13 部分内容，分别是：范围，规范性引用文件，术语和定义，刊名，封面，卷、期，目次页，版面和页码编排，文章编排，版权标志，总目次和索引，增刊，特殊情形。其中，刊名部分有 7 项格式编排要求，主要是刊名应当简明确切，刊名在期刊中任何地方出现都应一致，外文期刊应在封面同时刊印其中文刊名等。目次页部分有 6 项要求，主要是期刊每期应编有目次页，目次表的编排应遵循 GB/T 13417 的相关规定，广告宜单独编制广告目次等。版面和页码编排部分有 6 项要求，主要是期刊文章正文部分的字号不宜小于汉字 5 号字，期刊页码的标志应置于各页的固定位置等。文章编排部分有 8 项要求，主要是期刊文章正文部分各篇文章的编排格式力求统一，每篇文章一般应按其连续页码顺序排印等。

【修订情况】

代替 GB/T 3179—1992。与 GB/T 3179—1992 相比，本标准的主要变化如下：

——标准名称由《科学技术期刊编排格式》改为《期刊编排格式》；

——增加了第三部分"术语和定义"；

——增加了期刊 ISSN、CN 号、条码等内容；

——删除或简化了 GB/T 3179—1992 中有关摘要、图表和参考文献的内容。

GB 3259－92　中文书刊名称汉语拼音拼写法

【标　准　号】GB 3259－92

【标准名称】中文书刊名称汉语拼音拼写法

【采标情况】无

【发布时间】1992 年 2 月 1 日

【实施时间】1992 年 11 月 1 日

【起草单位】全国文献工作标准化技术委员会第二分委员会

【起　草　人】乔风、金惠淑、姜树森

【适用范围】

　　本标准规定了用汉语拼音拼写我国出版的中文书刊名称的方法。本标准适用于我国正式出版的中文书刊名称的汉语拼音的拼写，也适用于文献资料的信息处理。

【主要内容】

　　本标准正文包括 5 部分内容，分别是：主题内容与适用范围，术语，拼写原则，拼写参考文献，拼写规则。其中，拼写原则部分规定以词为拼写单位，并适当考虑语音、词义等因素，同时考虑词形长短适度。拼写规则部分主要包括 16 个方面，对汉语人名、汉语地名、书刊名称中的中国少数民族和外国的人名与地名、双音节与多音节、数词、序数、量词、阿拉伯数字和外文字母的汉语拼写类等进行了规范。

【修订情况】

　　代替 GB 3259－82。

GB 3304－91　中国各民族名称的罗马字母拼写法和代码

【标 准 号】GB 3304－91

【标准名称】中国各民族名称的罗马字母拼写法和代码

【采标情况】无

【发布时间】1991 年 8 月 30 日

【实施时间】1992 年 4 月 1 日

【起草单位】中国社会科学院民族研究所

【起 草 人】未明确注明

【适用范围】

本标准规定了我国各民族名称的罗马字母拼写法及其字母代码和数字代码。本标准适用于文献工作、拼音电报、国际通讯、出版、新闻报导、信息处理和交换等方面。

【主要内容】

本标准正文包括 4 部分内容，分别是：主题内容与适用范围，编制原则和结构，管理，代码表。其中，管理部分规定了本标准由全国文献工作标准化技术委员会管理。代码表部分列述了以三类方式排列的中国各民族名称的罗马字母拼写法及其字母代码和数字代码列表。三类排列方式由 3 个表说明。表 1 按民族名称汉字笔数排列，表 2 按民族名称的罗马字母顺序排列，表 3 按民族名称对应的数字代码顺序排列。

【修订情况】

代替 GB 3304－82。

GB 3468－83　检索期刊编辑总则

【标　准　号】GB 3468－83

【标准名称】检索期刊编辑总则

【采标情况】无

【发布时间】1983 年 1 月 29 日

【实施时间】1983 年 11 月 1 日

【起草单位】中国科学技术情报研究所

【起　草　人】白光武

【适用范围】

本标准适用于国内出版的检索期刊。

【主要内容】

本标准正文包括 12 部分内容，分别是：引言，名词、术语，刊名，封面，书脊，分册，开本，版权项，构成，文献条目著录项目，文献标引，索引及其著录项目。其中，构成部分主要对检索期刊的内容进行了描述，如说明、目次页、正文、索引、文献来源和编排等。索引及其著录项目部分主要规定了检索期刊的主题索引、分类索引、作者索引、机构索引、号码索引、专用索引以及单独出版的累积索引等内容。本标准有 1 个附录，即附录 A《参考文献》，对参考的相关标准文件进行了列举。

【修订情况】

无。

注：该标准于 2017 年 12 月 15 日废止。

GB/T 3469－2013 信息资源的内容形式和媒体类型标识

【标 准 号】GB/T 3469－2013
【标准名称】信息资源的内容形式和媒体类型标识
【采标情况】无
【发布时间】2013 年 12 月 17 日
【实施时间】2014 年 4 月 15 日
【起草单位】国家图书馆、广东省立中山图书馆、四川省图书馆
【起 草 人】曹宁、周升恒、仲岩、张玮、槐燕、张维、毛凌文、李璞
【适用范围】

本标准规定了信息资源的内容形式和媒体类型标识所使用的术语和代码，以及信息资源的内容形式和媒体类型标识的使用方法。本标准不仅适用于书目著录，也适用于其他各种信息资源数据集及检索工具中的资源类型标识。

【主要内容】

本标准正文包括 7 部分内容，分别是：范围，术语和定义，标识符，内容形式，内容限定，媒体类型，示例。其中，内容形式部分对数据集、图像、运动、音乐、实物、程序、声音、话语、文本、多种内容形式、其他内容形式 11 个内容形式词的定义和范围进行规定。内容限定部分对信息资源内容形式从类型说明、运动说明、维数说明、感官说明给出界定。媒体类型部分主要对音频、电子、缩微、显微、投影、立体、视频、多媒体、其他媒体 9 个媒体类型词及适用的载体类型进行说明。本标准有 3 个附录。附录 A《扩充内容限定词（资料类别说明）》为规范性附录，对会议文献、学位论文、手稿等内容形式进行说明。附录 B《内容形式/内容限定/媒体类型代码》为规范性附录，给出了图像等 11 种内容形式、测绘等 23 种内容限定、音频等 8 种媒体类型的代码。附录 C《应用实例》为资料性附录，其中，1～7 是中文实例，取自国家图书馆相关文献书目信息；8～25 为英文实例，取自 ISBD 第 0 项"内容形式和媒体类型项"（2009-12-28）。

【修订情况】

代替 GB/T 3469－1983。与 GB/T 3469－1983 相比，本标准的主要变化如下：

——标准名称由 GB/T 3469－1983 的"文献类型与文献载体代码"修改为"信息资源的内容形式和媒体类型标识"；

——参考相关国际标准，将信息资源类型按照资源内容和资源载体划分为内容形式、内容限定与媒体类型三类，并确定了三者之间的层次结构；

——根据信息资源类型发展的新特点增补了大量词汇；

——采用内容形式、媒体类型组配的形式描述信息资源；

——术语和定义增加了英文对照。

GB/T 3792.1－2009 文献著录 第 1 部分：总则

【标　准　号】GB/T 3792.1－2009

【标准名称】文献著录　第 1 部分：总则

【采标情况】ISBD(G)：2004，NEQ

【发布时间】2009 年 9 月 30 日

【实施时间】2010 年 2 月 1 日

【起草单位】中国社会科学院、国家图书馆、北京大学图书馆

【起　草　人】胡广翔、刘小玲、顾犇、沈正华

【适用范围】

本标准为 GB/T 3792《文献著录》系列标准的第 1 部分，规定了文献著录项目、各个著录项目的所有著录单元及其排列顺序、著录用标识符、著录信息源、著录用文字和著录项目细则等。本标准适用于编制各种文献类型的著录规则。

【主要内容】

本标准正文包括 8 部分内容，分别是：范围，规范性引用文件，术语和定义，著录项目和著录单元，著录用标识符，著录用文字，著录信息源，著录项目细则。其中，著录用标识符部分明确了标识符、标识符使用方法、标识符使用说明的内容。著录项目细则部分主要对题名与责任说明项、版本项、文献特殊细节项、出版发行项、载体形态项、丛编项、附注项、标准编号与获得方式项 8 方面内容进行了详细描述。本标准有 3 个资料性附录。附录 A《著录格式》，对书本式和卡片式两种著录格式进行了说明。附录 B《多层次著录》，对多层次著录的概念和著录格式进行了介绍。附录 C《双向行文的记录》，对双向行文记录的概念和著录格式进行了介绍。

【修订情况】

代替 GB/T 3792.1－1983。与 GB/T 3792.1－1983 相比，本标准的主要变化如下：

——在目次和内容中增加了"规范性引用文件"和"附录"；

——将 GB/T 3792.1－1983 中的"著录根据"改为"著录信息源"；

——将 GB/T 3792.1－1983 中的"名词、术语"改为"术语和定义"，并将 GB/T 3792.1－1983 中的 4 个名词、术语增加至 52 个；

——将各项规则的说明示例由 GB/T 3792.1－1983 的 37 个增加至 149 个，便于目录用户借鉴使用；

——增加了"著录项目与著录用标识符一览表"；

——增加了"5.3　标识符使用说明"的内容；

——在"8　著录项目细则"中增加了"结构形式"的内容条款；

——各个具体的条款内容均有程度不等的增加和修改，并删除了一些不必要的文字；

——删除了原有的"著录格式""著录详简级次""文献类型标识符"三个条款，对其中有用的内容则以附录等形式代替。

GB/T 3792.2－2006　普通图书著录规则

【标　准　号】GB/T 3792.2－2006

【标准名称】普通图书著录规则

【采标情况】无

【发布时间】2006 年 6 月 30 日

【实施时间】2007 年 2 月 1 日

【起草单位】全国信息与文献标准化技术委员会第五分委员会

【起　草　人】胡广翔、纪昭民

【适用范围】

本标准为 GB/T 3792《文献著录》系列标准的第 2 部分，规定了图书著录项目及其排列顺序、著录用标识符、著录信息源、著录用文字和著录项目细则等内容。本标准适用于国家书目和图书馆目录以及各类型藏书目录。其他图书目录可以参照使用。

【主要内容】

本标准正文包括 8 部分内容，分别是：范围，规范性引用文件，术语和定义，著录项目和著录单元，著录用标识符，著录用文字，著录信息源，著录项目细则。其中，著录项目和著录单元部分列举了著录项目和著录单元包括的内容。著录用标识符部分主要包括著录项目与著录用标识符一览表、使用方法和使用说明。著录用文字部分对著录用文字规则进行了详细说明。著录信息源部分主要规定了出版物的著录信息来源，例如，题名与责任说明项取自题名页或代题名页等。著录项目细则部分主要规范了题名与责任说明项、版本项、文献特殊细节项、出版发行项、载体形态项、丛编项、附注项、标准编号与获得方式项。本标准有 2 个资料性附录。附录 A《著录格式》，主要对著录格式的书本式格式和卡片式格式进行了规范化说明。附录 B《多层次著录》，对多层次著录的概念和著录格式进行了介绍。

【修订情况】

代替 GB/T 3792.2－1985。与 GB/T 3792.2－1985 相比，本标准的主要变化如下：

——为了尽量与国家标准书目著录（普通图书）（SIBD（M））的定义保持一致，修改了部分术语的表述内容（见本版的 3.1，3.3，3.4，3.8，3.9，3.10，3.14，3.19，3.20，3.21，3.22），增加了部分术语（见本版的 3.5，3.6，3.7，3.11，3.12，3.13，3.15），删除了部分术语（见本版的 2.7，2.9，2.12，2.15，2.16，2.18，2.19，2.23）；

——术语和定义增加了英文对照；

——将 1985 年版的"书名"一律改为了"题名"；

——将原"4.8.3 获得方式"，改为"4.8.3 获得方式和/或价格"；

——修改了著录项目标识符使用说明(1985 年版的 7.3 和 7.4；本版的 6.3 和 6.4)；

——修改和补充了著录信息源的表述(1985 年版的 9；本版的 7)；

——补充了原标准中遗漏的表述(1985 年版的 10.1；本版的 8.1)；

——修改了部分著录项目规则的表述内容；

——删除了 1985 年版的部分内容(1985 年版的 3.9，3.10，5，6，10.1.5.11 下的 a～z 部分，附录 A 标目)；

——比 1985 年版增加了部分条目或在 1985 年的部分条目中修改或增加了部分内容（本版的 5.1，5.3.8，6.1，7.1，7.1.1，7.1.2，8.1，8.2.2.3，8.5.2.1，8.6.4.2，8.6.6，8.7.4，附录 A，附录 B）。

GB/T 3792.3－2009　文献著录　第3部分：连续性资源

【标　准　号】GB/T 3792.3－2009

【标准名称】文献著录　第3部分：连续性资源

【采标情况】ISBD(CR)：2002，NEQ

【发布时间】2009年9月30日

【实施时间】2010年2月1日

【起草单位】北京大学图书馆、国家图书馆、北京师范大学图书馆

【起　草　人】谢琴芳、申晓娟、刘春玥、侯旭红

【适用范围】

本标准为 GB/T 3792《文献著录》系列标准的第3部分，规定了连续性资源著录项目及其排列顺序、著录用标识符、著录信息源、著录用文字、连续性资源需要另行著录的原则和著录项目细则等。本标准适用于国家书目和图书馆目录以及各类型藏书目录，同时也适用于以下连续性资源的编目：按期或带有各部分编号连续发行、具有连续出版物的其他特性（例如题名中有出版频率）但是持续出版时间却是有限的资源（例如某事件的通讯报导）、连续出版物的复制品、有限性集成资源（例如第29届奥林匹克运动会的网址）等。

【主要内容】

本标准正文包括10部分内容，分别是：范围，规范性引用文件，术语和定义，著录项目和著录单元，著录用标识符，著录用文字，著录信息源，连续出版物需要另行著录的原则，集成性资源需要另行著录的原则，著录项目细则。其中，著录项目和著录单元部分列举了题名与责任说明项、版本项、资源特殊细节项、出版发行项、载体形态项、丛编项、附注项、标准编号与获得方式项等内容。著录用标识符部分给出了著录项目与著录用标识符一览表，并介绍了标识符的使用方法与使用说明。著录用文字部分规定了著录项目一般按资源本身的文字著录，现有设备无法照录的图形及符号等可改用相应内容的其他形式著录。著录信息源部分主要介绍了著录依据，以及主要信息源和规定信息源。连续出版物需要另行著录的原则部分主要说明了连续出版物发生主要变化时，需要作为新资源另行著录，并描述了连续出版物的主要变化细则。集成性资源需要另行著录的原则部分主要说明了当集成性资源发生主要变化时，需要作为新资源另行著录，同时描述了集成性资源的主要变化细则和次要变化细则。著录项目细则部分主要针对每一项著录项目进行了详细说明，并给出了具体实例供参考。本标准共有2个资料性附录。附录A《多层次著录》，给出了多层次著录在连续性资源著录时的方法，并给出了具体示例。附录B《实例》，给出了印刷型、通讯、缩微等11类

连续性资源著录的具体示例。

【修订情况】

代替 GB/T 3792.3—1985。与 GB/T 3792.3—1985 相比，本标准的主要变化如下：

——将 GB/T 3792.3—1985《连续出版物著录规则》的题名改为《文献著录　第 3 部分：连续性资源》，以尽量与国际标准书目著录（连续出版物及其他连续性资源）（ISBD(CR)）所涉及的著录范围保持一致；

——增加了"范围""规范性引用文件""连续出版物需要另行著录的原则""集成性资源需要另行著录的原则"等章；删除了"著录格式""著录详简级次""文献类型标识"等章；

——增加了在 ISBD(CR)"定义"章节中出现的部分术语，但《文献著录总则》中已经包括的部分术语在本部分不再重复，删除了 GB/T 3792.3—1985 中的部分术语，对被保留下来的部分术语和定义的表述内容也做了修订；

——为了和 ISBD(CR)的著录项和著录单元名称基本保持一致，对 GB/T 3792.3—1985 中的名称做了部分修订，例如，"卷、期、年、月或其他标识项"改为"资源特殊细节项"，"丛刊项"改为"丛编项"，"国际标准连续出版物号（ISSN）与获得方式项"改为"标准编号与获得方式项"等；

——各个具体的条款内容均有程度不等的增加和修改。

GB/T 3792.4－2009 文献著录 第4部分：非书资料

【标 准 号】GB/T 3792.4－2009

【标准名称】文献著录 第4部分：非书资料

【采标情况】无

【发布时间】2009年9月30日

【实施时间】2010年2月1日

【起草单位】北京大学信息管理系、国家图书馆、中国科学技术信息研究所、北京大学图书馆、中央电化教育馆

【起 草 人】段明莲、刘小玲、杨洪波、白光武、唐勇、祁涛

【适用范围】

本标准为 GB/T 3792《文献著录》系列标准的第4部分，规定了非书资料的著录项目、著录项目的顺序、著录用标识符的使用、著录信息源以及各个项目的著录细则等内容。本标准适用于以声音、图像、文字等方式记录在磁性或感观材料上的信息资源，如录音制品、电影制品、录像制品、缩微品、投影制品、图形制品、模型等。

【主要内容】

本标准正文包括8部分内容，分别是：范围，规范性引用文件，术语和定义，著录项目和著录单元，著录用标识符，著录用文字，著录信息源，著录项目细则。其中，著录用标识符部分给出了著录项目与著录标识符，规范了标识符使用方法、标识符使用说明等内容。著录项目细则部分主要从题名与责任说明项、版本项、文献特殊细节项、出版发行项、载体形态项、丛编项、附注项、标准编号与获得方式项8个方面，对著录涉及的内容进行规范性说明。本标准有3个资料性附录。附录A《一般文献类型标识和特定文献类型标识》，对一般文献类型标识和特定文献类型标识进行了说明。附录B《非书资料著录格式》，列举了书本著录格式、卡片著录格式、多层次著录及其著录格式。附录C《非书资料著录示例》，列举了录音制品、录像制品、电影制品、缩微品、投影制品、图形制品、实物制品的非书资料著录格式。

【修订情况】

代替 GB/T 3792.4－1985。与 GB/T 3792.4－1985 相比，本标准的主要变化如下：

——修订了 GB/T 3792.4－1985 的适用范围；

——规定了本标准的规范性引用文件；

——修订了非书资料专用术语的定义；

——将 GB/T 3792.4－1985 的10个著录项目改为8个，即，删除了"排检项"，并

将"提要项"归入附注项；在著录单元的设置方面，版本项增设了"并列版本说明""附加版本说明""附加版本说明的责任说明"；载体形态项将 GB/T 3792.4－1985 中"规格"著录单元分解并更名为"其他形态细节"和"尺寸"；标准编号与获得方式项增设了"识别题名(连续出版物)"和"限定说明"；

    ——修订了著录项目和著录单元的名称；

    ——详细规定了各种类型非书资料载体形态细节的著录方法、标识符以及著录顺序；

    ——修订并补充了一些示例；

    ——将 GB/T 3792.4－1985 的"附录 A　载体名称和代码"变更为"附录 A　一般文献类型标识和特定文献类型标识"；删除了 GB/T 3792.4－1985 的"附录 B　载体名称解释"；增加了"附录 B　非书资料著录格式"和"附录 C　非书资料著录示例"。

GB/T 3792.6－2005　测绘制图资料著录规则

【标　准　号】GB/T 3792.6－2005

【标准名称】测绘制图资料著录规则

【采标情况】无

【发布时间】2005 年 3 月 23 日

【实施时间】2005 年 10 月 1 日

【起草单位】中科院文献情报中心、国家图书馆

【起　草　人】陆希泰、石西先

【适用范围】

本标准为 GB/T 3792《文献著录》系列标准的第 6 部分，规定了测绘制图资料著录项目及其排列顺序、著录用标识符、著录用文字、著录信息源、著录项目细则等内容。本标准是著录测绘制图资料的依据。本标准适用于编制国家书目及各类型目录。本标准不涉及测绘制图资料目录组织规则。

【主要内容】

本标准正文包括 8 部分内容，分别是：范围，规范性引用文件，术语和定义，著录项目，著录用标识符，著录用文字，著录信息源，著录项目细则。其中，著录项目部分主要包括图名与责任说明项、版本项、数学数据项、出版发行项、载体形态项、丛编项、附注项（选用）、标准书号及获得方式项等内容。著录用标识符部分以表格的形式给出了著录项目、著录单元、对应采用的著录标识符及其使用说明。著录用文字部分主要对著录项目中的文字和数字规范进行了详细说明。著录信息源部分明确规定了制图资料著录的信息来源等内容。著录项目细则部分主要对上述各著录项目的具体内容及形式进行了规范性说明。本标准有 2 个资料性附录。附录 A《多层次著录》，主要描述了多层次著录的目的及方法。附录 B《著录格式》，主要介绍了书本式格式和卡片式格式两种著录格式。

【修订情况】

代替 GB/T 3792.6－1986。与 GB/T 3792.6－1986 相比，本标准的主要变化如下：

——为与国际标准尽求一致，将 GB/T 3792.6－1986 的名称由"地图资料著录规则"改为"测绘制图资料著录规则"，将"数学基础项"改为"数学数据项"，将"副图名和说明图名文字"改为"其他图名信息"，将"集合图名"改为"无总图名制图资料"，将"尺寸或开本"改为"尺寸"；

——本标准将 GB/T 3792.6－1986 的 11 章归并为 8 章，编排更紧凑，表述更严密，便于操作；

——将 GB/T 3792.6－1986 的 27 条术语和定义精简至 23 条；

——将多卷（册、幅）制图资料、丛编制图资料的著录方法从正文部分抽出，改作为附录。

GB/T 3792.7－2008　古籍著录规则

【标　准　号】GB/T 3792.7－2008

【标准名称】古籍著录规则

【采标情况】ISBD(A)2002，MOD

【发布时间】2008 年 7 月 16 日

【实施时间】2009 年 1 月 1 日

【起草单位】国家图书馆、北京大学图书馆、北京师范大学图书馆

【起　草　人】鲍国强、沈乃文、张志清、喻爽爽、杨健、程佳羽

【适用范围】

本标准为 GB/T 3792《文献著录》系列标准的第 7 部分，规定了古籍著录项目及其顺序、著录用标识符、著录用文字、著录信息源及著录项目细则等内容，不涉及古籍目录组织规则。本标准适用于编制国家书目及各类型目录，主要用于汉语文古籍著录。各少数民族语文古籍著录可以参用。

【主要内容】

本标准正文包括 8 部分内容，分别是：范围，规范性引用文件，术语和定义，著录项目和著录单元，著录用标识符，著录用文字，著录信息源，著录项目细则。其中，著录用标识符部分主要对著录项目、著录单元和著录用标识符的对应关系进行了系统描述。著录项目细则部分主要规定了题名与责任说明项、版本项、文献特殊细节项、出版发行项、载体形态项、丛编项、附注项等的著录细则。本标准有 2 个资料性附录。附录 A《著录格式》，规定了各个著录项目及单元的排列顺序及其标识符号的表现形式。著录格式分书本式格式和卡片式格式两种。附录 B《多层次著录》，对多层次著录的概念、内容、格式、示例等进行了描述。

【修订情况】

代替 GB/T 3792.7－1987。与 GB/T 3792.7－1987 相比，本标准的主要变化如下：

——将 GB/T 3792.7－1987 的 10 章归并为 8 章，编排更紧凑，表述更严密，更便于操作；

——修改了 GB/T 3792.7－1987 中的著录项目及著录单元名称。例如，将"书名与著者项"改为"题名与责任说明项"，"丛书项"改为"丛编项"，"说明书名文字"改为"其他题名信息"，"附属丛书名"改为"分丛编题名"等；

——术语和定义由 GB/T 3792.7－1987 的 10 条增订为 32 条，对古籍著录的主要术语加以明确界定；

——根据我国古籍著录的实际情况，"题名与责任说明项"的规定信息源明确为"正

文首卷卷端";

——将 GB/T 3792.7－1987 中"版本项"的内容拆分为"版本项"和"出版发行项"。前者著录古籍的版本类型等,后者著录古籍的出版、发行和印刷事宜,并根据古籍实际情况明确规定了"修版地、修版者、修版年"的著录内容;

——将"责任说明"中"示例"由 GB/T 3792.7－1987 著录考订内容为主,改为按原书所题内容客观著录为主;

——将 GB/T 3792.7－1987 中"载体形态项"和"附注项"分为完整本和复本两部分。其中,古籍完整本特征是指一种古籍制作完成时已经具有的内容和形式特征,古籍复本特征是指一部古籍在流传和典藏过程中新产生的内容和形式特征;

——将"书目参考附注"定为附注项的第一个附注内容;

——将 GB/T 3792.7－1987 中"装订与获得方式项"的有关内容并入"附注项";

——GB/T 3792.7－1987 有关提要的条款较简单,本部分对古籍提要的撰写做出较具体的规定;

——根据书目著录法和标目法的不同功能,删除了 GB/T 3792.7—1987 中的"排检项"和"标目"内容;

——将著录格式从正文部分抽出,改为附录。

GB/T 3792.9－2009 文献著录 第 9 部分：电子资源

【标 准 号】GB/T 3792.9－2009

【标准名称】文献著录 第 9 部分：电子资源

【采标情况】ISBD(ER)：2004，NEQ

【发布时间】2009 年 9 月 30 日

【实施时间】2010 年 2 月 1 日

【起草单位】清华大学图书馆、国家图书馆、中国科学院文献情报中心、北京石油化工学院图书馆、中国科技信息研究所

【起 草 人】杨慧、刘峥、宋文、陈丽萍、李燕

【适用范围】

本部分是 GB/T 3792《文献著录》系列标准的第 9 部分，规定了电子资源的著录项目、排列顺序、著录用标识符、著录用文字、规定信息源和著录项目细则等内容。本标准适用于计算机控制(包括在计算机外部设备上使用)的电子资源，如通过网络或电信访问的资源、交互式多媒体资源，以及限制发行生产的资源、按需付费的资源或预定生产的资源。计算器、编程玩具等不包括在本标准范围之内。

【主要内容】

本标准正文包括 8 部分内容，分别是：范围，规范性引用文件，术语与定义，著录项目和著录单元，著录用标识符，著录用文字，著录信息源，著录项目细则。其中，著录项目和著录单元部分主要对题名与责任说明项、版本项、文献特殊细节项、出版发行项、载体形态项、丛编项、附注项、标准编号与获得方式项等内容进行了系统描述。著录用标识符部分主要规定了标识符的表示方法、使用方法、使用说明。著录用文字部分主要对著录项目中所使用的语言和/或文字进行了详细描述。著录信息源部分主要规定了信息源的优先顺序和来源位置，并对规定信息源进行规范。著录项目细则部分主要对各个著录项目及其著录单元的著录规则和方法进行了系统说明。本标准有 2个资料性附录。附录 A《多层次著录》，对多层次著录的含义、目的、内容、格式等进行了详细描述。附录 B《电子资源著录示例》，列举了本地访问的电子图书、录音资料、录像资料、数据库和远程访问的数据库、电子图书、电子图书数据库、电子期刊等内容的著录格式。

【修订情况】

无。

GB 3793－83 检索期刊条目著录规则

【标 准 号】GB 3793－83

【标准名称】检索期刊条目著录规则

【采标情况】无

【发布时间】1983 年 7 月 2 日

【实施时间】1984 年 4 月 1 日

【起草单位】全国文献工作标准化技术委员会第六分委员会《检索期刊条目著录规则》起草小组

【起 草 人】白光武、付兰生、鞠昌鳌、刘文才

【适用范围】

本标准是为了加强全国检索期刊的管理和标准化工作，建立健全全国统一的文献报道和检索体系，充分开发和利用文献资源制定的，与《国际标准书目著录》(ISBD)基本一致。本标准适用于国内出版的检索期刊的条目著录，其他检索工具也可参照使用。

【主要内容】

本标准正文包括 5 部分内容，分别是：引言，名词、术语，著录项目、顺序、符号总说明，著录格式总则，著录格式分则。其中，著录项目、顺序、符号总说明部分主要对题名与责任者项，版本项，文献特殊细节项，出版项，载体形态项，丛编项，附注项，文献标准编号、装帧及价格项，提要项及排检项 10 个著录项目进行了说明。著录格式总则部分分别对整本文献和析出文献的两种著录格式进行了规范和说明。著录格式分则部分主要对期刊与期刊论文、汇编与汇编论文、会议录与会议论文、专著、科技报告、学位论文、专利、技术标准、产品样本、中译文 10 个不同类别文献的著录格式进行了具体说明。本标准有 3 个附录，包括附录 A《参考文献》(参考件)、附录 B《中国省、市、自治区代码　汉字简称及汉语拼音(参考件)》和附录 C《建议采用的其他有关标准(参考件)》。

【修订情况】

无。

GB/T 3860－2009　文献主题标引规则

【标　准　号】GB/T 3860－2009

【标准名称】文献主题标引规则

【采标情况】ISO 5963：1985，NEQ

【发布时间】2009 年 9 月 30 日

【实施时间】2010 年 2 月 1 日

【起草单位】华东理工大学科技信息研究所、国家图书馆

【起　草　人】陈树年、汪东波

【适用范围】

本标准规定了文献审读、主题分析以及依据各种主题词表进行文献主题受控标引的原则、方法，可作为标引人员分析文献主题和确定主题概念以及选择主题词的指导。本标准适用于建立文献的手工式检索工具、计算机检索系统，以及文献、信息报道工具所进行的人工标引；适用于以规范化主题语言、进行受控标引的文献检索系统，也可供计算机辅助主题标引、网络信息检索系统的主题标引参考使用。

【主要内容】

本标准正文包括 8 部分内容，分别是：范围，规范性引用文件，术语和定义，主题标引的目的与步骤，标引方式的选择，文献审读和主题分析，标引词选定，主题标引质量管理。其中，主题标引的目的与步骤部分明确了主题标引主要包括选择标引方式、文献主题分析、主题概念转换成主题词、标引工作的记录、标引结果审核 5 个步骤。标引方式的选择部分主要介绍了整体标引、全面标引、重点标引、补充标引、综合标引与分析标引的文献标引方式。文献审读和主题分析部分主要对文献审读的方法、主题概念的确定流程及影响因素、主题类型及其分析方法、主题结构及其分析的基本要求进行了详细说明。标引词选定部分主要介绍了标引词的几种类型及其选定方法，主要包括使用正式主题词标引、使用专指词标引、组配标引、上位词标引和相关词标引、自由词标引等。主题标引质量管理部分介绍了主题标引工作质量的主要影响因素等内容。本标准有 3 个附录。附录 A《文献主题标引工作流程图》为规范性附录，对文献主题标引工作的总体流程进行了梳理和规范。附录 B《主题词修订建议卡》为规范性附录，为主题词的增、改、删等修订工作记录提供了一个参照格式。附录 C《建立机读目录的主题标引》为资料性附录，主要介绍了机读目录主题标引建立的基本要求，包括多主题的标引、复合主题的标引、名称主题标引及自由词标引等。

【修订情况】

代替 GB/T 3860－1995。与 GB/T 3860－1995 相比，本标准的主要变化如下：

——将 GB/T 3860—1995 的名称由《文献叙词标引规则》改为《文献主题标引规则》；

——增加了标准正文中涉及的若干新术语；

——重点对机读目录的主题词标引、自由词标引规则进行了补充；简化了编制手工检索工具的主题标引规则；

——完善了附录 A、附录 B，增加了附录 C。

GB/T 4894－2009 信息与文献 术语

【标 准 号】GB/T 4894－2009

【标准名称】信息与文献 术语

【采标情况】ISO 5127：2001，MOD

【发布时间】2009 年 9 月 30 日

【实施时间】2010 年 2 月 1 日

【起草单位】国家图书馆、清华大学图书馆、中科院文献情报中心、中国科学技术信息研究所

【起 草 人】顾犇、孙平、徐引篪、刘春燕、沈玉兰、孙蓓欣

【适用范围】

本标准提供了信息与文献领域的基本术语及其定义。本标准适用于信息与文献领域的知识共享和信息交流。

【主要内容】

本标准正文包括 4 部分内容，分别是：范围，规范性引用文件，原则和方法，术语。其中，原则和方法部分主要对词条的范围、词条的组织和词条的分类进行了系统说明。术语部分主要规定了 7 个方面的术语，并对其内涵进行解释，主要包括：基本和框架术语，文献、数据媒介及其他，文献机构及其馆藏，文献工作过程，信息和文献的使用，文献保存，信息和文献工作的法律问题。本标准有 2 个索引，即《汉语拼音索引》和《英文对应词索引》。

【修订情况】

代替 GB/T 4894－1985、GB/T 13143－1991。与 GB/T 4894－1985 和 GB/T 13194－1991 相比，本标准增加了部分新词条。

GB/T 5795-2006 中国标准书号

【标　准　号】GB/T 5795-2006

【标准名称】中国标准书号

【采标情况】ISO 2108：2005，MOD

【发布时间】2006 年 10 月 18 日

【实施时间】2007 年 1 月 1 日

【起草单位】新闻出版总署条码中心

【起　草　人】齐相潼、蔡京生、邢瑞华、傅祚华、孔德龙

【适用范围】

本标准规定了中国标准书号的结构、显示方式及印刷位置、分配及使用规则、与中国标准书号有关的元数据以及中国标准书号的管理系统。本标准为在中国依法设立的出版者所出版或制作的每一专题出版物及其每一版本提供唯一确定的和国际通用的标识编码方法。本标准适用的或不适用的专题出版物类型详见其附录 A《中国标准书号的分配及使用规则》。

【主要内容】

本标准正文包括 7 部分内容，分别是：适用范围，规范性引用文件，术语和定义，中国标准书号的结构，中国标准书号的分配，中国标准书号在出版物上的位置和显示方式，ISBN 系统的管理。其中，中国标准书号的结构部分介绍了中国标准书号由标识符"ISBN"和 13 位数字组成，而其 13 位数字又分为 EAN·UCC 前缀、组区号、出版者号、出版序号和校验码 5 个部分。中国标准书号的分配部分主要介绍了中国标准书号的分配规则。中国标准书号在出版物上的位置和显示方式部分对中国标准书号在印刷形式出版物、电子出版物及其他非印刷形式出版物上的位置和显示方式进行了详细说明。本标准有 6 个附录。附录 A《中国标准书号的分配及使用规则》为规范性附录，概述了中国标准书号的适用出版物范围、分配与使用规则等内容。附录 B《中国 ISBN 系统的管理》为规范性附录，介绍了中国 ISBN 管理机构的功能和职责，并对出版者的责任进行了界定。附录 C《13 位数字中国标准书号的校验码》为规范性附录，介绍了由 13 位数字组成的中国标准书号校验码的计算规则并示例。附录 D《中国标准书号的范围》为资料性附录，提供了中国标准书号适用范围的设置及推导规则。附录 E《中国标准书号元数据》为规范性附录，主要介绍了中国标准书号元数据的基本要素及相关说明。附录 F《10 位数字中国标准书号》为资料性附录，主要介绍了较早版本 GB/T 5795 中由 10 位数字组成的中国标准书号及其校验码的计算，并介绍了 10 位数字中国标准书号转换为 13 位数字中国标准书号的方法。

【修订情况】

代替 GB/T 5795—2002。与 GB/T 5795—2002 相比，本标准的主要变化如下：

——中国标准书号由 GB/T 5795—2002 的 10 位上升至 13 位；

——根据国际标准协调了中国标准书号编码系统与 EAN·UCC 编码系统的关系；

——增加了关于 ISBN 系统管理和中国标准书号系统管理的职能；

——根据国际标准增加了与中国标准书号有关的出版物元数据及相关信息提供要求。

GB/T 6159.1－2014 缩微摄影技术 词汇
第1部分：一般术语

【标　准　号】GB/T 6159.1－2014

【标准名称】缩微摄影技术 词汇 第1部分：一般术语

【采标情况】ISO 6196-1：1993，MOD

【发布时间】2014 年 9 月 30 日

【实施时间】2015 年 4 月 15 日

【起草单位】全国文献影像技术标准化技术委员会第七分委员会

【起　草　人】张美芳、刘丁君、肖建萍

【适用范围】

本标准为 GB/T 6159《缩微摄影技术 词汇》系列标准的第 1 部分，界定了缩微摄影技术领域内通用的一般术语。本标准适用于缩微品的制作、管理和使用等过程。

【主要内容】

本标准正文包括 3 部分内容，分别是：范围，规范性引用文件，术语和定义。其中，术语和定义部分主要对缩微摄影技术领域内通用的一般术语进行了规范化定义和说明。本标准有 2 个索引，即《汉语拼音索引》与《英文对应词索引》。

【修订情况】

代替 GB/T 6159.1－2003。与 GB/T 6159.1－2003 相比，本标准的主要技术变化如下：

——在规范性引用文件中删除 GB/T 2659－2000 世界各国和地区名称代码（eqv ISO 3166-1：1997）；

——增加参考文献：ISO 3166-1：2006 Codes for the representation of names of countries and their subdivisions-Part 1：Country codes；

——修改术语"原件"的表述；

——修改术语"影像"的表述；

——修改术语"摄影影像"的表述；

——修改术语"复制倍率"的表述。

GB/T 6159.2－2011 缩微摄影技术 词汇
第 2 部分：影像的布局和记录方法

【标 准 号】GB/T 6159.2－2011

【标准名称】缩微摄影技术 词汇 第 2 部分：影像的布局和记录方法

【采标情况】ISO 6196-2：1993，MOD

【发布时间】2011 年 7 月 29 日

【实施时间】2011 年 12 月 1 日

【起草单位】全国文献影像技术标准化技术委员会第七分会

【起 草 人】陈林荣、任旭钧

【适用范围】

本标准为 GB/T 6159《缩微摄影技术 词汇》系列标准的第 2 部分，规定了缩微影像的布局和记录方法有关方面的术语及其定义，以及词条之间的相互关系。本标准适用于缩微摄影技术及其相关领域。

【主要内容】

本标准正文包括 3 部分内容，分别是：范围，规范性引用文件，术语和定义。其中，术语和定义部分对横排式、竖排式、单行式、双行式、往复式、平台式拍摄、转轮式拍摄等 12 个定义进行规范表述，并对单行式、双行式、往复式 3 个术语给出图示说明。本标准有 2 个索引，即《汉语拼音索引》与《英文对应词索引》。

【修订情况】

代替 GB/T 6159.22－2000。与 GB/T 6159.22－2000 相比，本标准的主要技术变化如下：

——增加了第 2 章"规范性引用文件"；

——修改了术语"网格""横排缩微平片""竖排缩微平片""平台式摄影""轮转式摄影"和"步进重复式摄影"的表述。

GB/T 6159.3－2014 缩微摄影技术 词汇
第3部分：胶片处理

【标 准 号】GB/T 6159.3－2014

【标准名称】缩微摄影技术 词汇 第3部分：胶片处理

【采标情况】ISO 6196-3：1997，MOD

【发布时间】2014年9月30日

【实施时间】2015年4月15日

【起草单位】全国文献影像技术标准化技术委员会第七分委员会

【起 草 人】邓昌军、肖建萍、耿志东

【适用范围】

本标准为GB/T 6159《缩微摄影技术 词汇》系列标准的第3部分，界定了缩微摄影技术领域有关胶片处理的术语。本标准适用于缩微摄影技术及其相关领域。

【主要内容】

本标准正文包括3部分内容，分别是：范围，规范性引用文件，术语和定义。其中，术语和定义部分主要对缩微摄影技术领域有关胶片的术语进行了规范化定义和说明。条目是按照概念体系编排的。本标准有2个索引，即《汉语拼音索引》与《英文对应词索引》。

【修订情况】

代替GB/T 6159.3－2003。与GB/T 6159.3－2003相比，本标准的主要技术变化如下：

——在规范性引用文件中删除GB/T 2659－2000世界各国和地区名称代码（eqv ISO 3166-1：1997）；

——增加参考文献：ISO 3166-1：2006 Codes for the representation of names of countries and their subdivisions-Part 1：Country codes；

——增加了许用术语"偶联剂"和优先术语"重氮偶联剂"；

——修订了术语"[胶片]处理""常规处理""反转处理""完全反转处理""部分反转处理""彩色处理""湿法处理""干法处理""稳定""漂洗""成色剂""重氮偶合剂"的定义表述；

——在中文索引和英文对应词索引增加"偶联剂"和"重氮偶联剂"。

GB/T 6159.4－2014 缩微摄影技术 词汇 第4部分：材料和包装物

【标　准　号】GB/T 6159.4－2014

【标准名称】缩微摄影技术 词汇 第4部分：材料和包装物

【采标情况】ISO 6196-4：1998，MOD

【发布时间】2014年9月30日

【实施时间】2015年4月15日

【起草单位】全国文献影像技术标准化技术委员会第七分委员会

【起　草　人】陈林荣、任旭钧

【适用范围】

本标准为GB/T 6159《缩微摄影技术 词汇》系列标准的第4部分，界定了缩微摄影技术领域内所用材料及包装物的术语。本标准适用于缩缴摄影技术及其相关领域。

【主要内容】

本标准正文包括3部分内容，分别是：范围，规范性引用文件，术语和定义。其中，术语和定义部分主要对57个术语进行了定义和说明，包括底基、感光层、微泡胶片、预期寿命、切角、色标等。本标准有2个索引，即《汉语拼音索引》与《英文对应词索引》。

【修订情况】

代替GB/T 6159.4－2003。与GB/T 6159.4－2003相比，本标准的主要变化如下：

——在规范性引用文件中用GB/T 6159.2－2011代替GB/T 6159.22－2000，GB/T 6159.5－2011代替GB/T 6159.5－2000；

——在规范性引用文件中删除GB/T 2659－2000世界各国和地区名称代码（egv ISO 3166-1：1997）。

——增加参考文献：ISO 3166-1：2006 Codes for the representation of names of countries and their subdivisions-Part 1：Country codes；

——修改了术语"[感光]胶片"的表述（见3.3，2003年版的3.3）；

——修改了术语"直接正像银盐胶片"的表述（见3.5，2003年版的3.5）；

——修改了术语"微泡胶片"中"注1"的表述（见3.7，2003年版的3.7）；

——修改了术语"存档缩微胶片"的定义和表述（见3.11，2003年版的3.11）；

——修改了术语"预期寿命"的定义（见3.12，2003年版的3.12）；

——修改了术语"预期寿命值"的定义（见3.13，2003年版的3.13）；

——修改了术语"缩微平片"的表述（见3.14，2003年版的3.14）。

GB/T 6159.5－2011 缩微摄影技术 词汇
第5部分：影像的质量、可读性和检查

【标 准 号】GB/T 6159.5－2011

【标准名称】缩微摄影技术 词汇 第5部分：影像的质量、可读性和检查

【采标情况】ISO 6196-5：1987，MOD

【发布时间】2011年7月29日

【实施时间】2011年12月1日

【起草单位】全国文献影像技术标准化技术委员会第七分委员会

【起 草 人】耿志东、邓昌军

【适用范围】

本标准为 GB/T 6159《缩微摄影技术 词汇》系列标准的第5部分，规定了影像质量、可读性和检查的术语、定义及词条之间的相互关系。本标准适用于缩微摄影技术及相关领域。

【主要内容】

本标准正文共包括3部分内容，分别是：范围，规范性引用文件，术语和定义。其中，术语和定义部分主要对33个术语进行了解释和说明，如解像、解像力、锐度、锐性、颗粒、可读性、ISO字符组等；对 ISO 字符、ISO 字符组、ISO 1号测试图、ISO 2号测试图图样、ISO 2号测试图、感光测定曲线、反差系数配图解释。本标准有2个索引，即《汉语拼音索引》与《英文对应词索引》。

【修订情况】

代替 GB/T 6159.5－2000。与 GB/T 6159.5－2000 相比，本标准的主要技术变化如下：

——在规范性引用文件中用 GB/T 18405—2008 代替 ISO 446：1991，并在"3.18"中用 GB/T 18405—2008 中的"ISO 1号测试图"代替 GB/T 6159.5－2000 中的"图3 ISO 1号测试图"；

——在规范性引用文件中增加了 GB/T 6159.1—2003、GB/T 6159.3—2003、GB/T 6159.4—2003、GB/T 6159.6—2003、GB/T 6161—2008、GB/T 15237.1—2000 六个文件，并在"3.19"中用 GB/T 6161—2008 中的"图1 ISO 2号解像力测试图样"代替 GB/T 6159.5－2000 中的"图4 ISO 2号测试图图样"；

——增加了"(胶片)密度"术语及其定义；

——修订了部分术语和定义(如解像、解像力、净密度、ISO 1号测试图、ISO 2号测试图图样、微型测试图、平均斜率)；

——协调了 GB/T 6159 中本部分与其他部分中术语的一致性，如将"胶片经正常冲洗"改为"胶片经常规处理"。

GB/T 6159.6—2003　缩微摄影技术　词汇
第 6 部分：设备

【标 准 号】GB/T 6159.6—2003

【标准名称】缩微摄影技术　词汇　第 6 部分：设备

【采标情况】ISO 6196-6：1992，MOD

【发布时间】2003 年 5 月 14 日

【实施时间】2003 年 12 月 1 日

【起草单位】全国文献影像技术标准化技术委员会第三分委员会

【起 草 人】李铭

【适用范围】

本标准为 GB/T 6159《缩微摄影技术　词汇》系列标准的第 6 部分，规定了缩微摄影技术有关设备的术语及其定义。本标准适用于缩微摄影技术及其有关领域。

【主要内容】

本标准正文共包括 3 部分内容，分别是：范围，规范性引用文件，术语和定义。其中，术语和定义部分分为设备通用术语、拍摄设备、处理设备、装片设备、复制设备、检验设备、阅读/复印设备 7 部分内容，细化为 75 个术语和定义。本标准有 2 个索引，即《汉语拼音索引》和《英文对应词索引》。

【修订情况】

代替 GB/T 6159.4—1994。与 6159.4—1994 相比，本标准的主要变化如下：

——将标准编号由 GB/T 6159.4 调整为 GB/T 6159.6，以与部分的编号相对应；

——将标准名称由《缩微摄影技术　术语　第六部分　设备》改为《缩微摄影技术　词汇　第 6 部分：设备》；

——修订了部分术语，其中包括将"镜头互换座"改为"可互换镜头座"，将"连续记录摄影机"改为"连续表格摄影机"，将"压稿尺"改为"镇尺"，将"单轴片盒装片器"改为"片盒装片器"，将"复印机"改为"[放大]复印机"；

——修订了部分术语的定义；

——删除了"步进重复机构"的英文对应词；

——增加了前言、引言。

GB/T 6159.7－2011　缩微摄影技术　词汇
第7部分：计算机缩微摄影技术

【标　准　号】GB/T 6159.7－2011

【标准名称】缩微摄影技术　词汇　第7部分：计算机缩微摄影技术

【采标情况】ISO 6196-7：1992，MOD

【发布时间】2011年7月29日

【实施时间】2011年12月1日

【起草单位】全国文献摄影技术标准化技术委员会第七分委员会

【起　草　人】刘丁君、张美芳、肖建萍

【适用范围】

本标准为 GB/T 6159《缩微摄影技术　词汇》系列标准的第7部分，规定了有关计算机缩微摄影技术中所选用的术语、定义及词条之间的相互关系。本标准适用于计算机缩微摄影技术及其相关领域。

【主要内容】

本标准正文共包括3部分内容，分别是：范围，规范性引用文件，术语和定义。其中，术语和定义部分规范了计算机缩微摄影技术、计算机输出缩微拍摄、COM记录器、软格式等27个术语。本标准有2个索引，即《汉语拼音索引》和《英文对应词索引》。

【修订情况】

代替 GB/T 6159.7－2000。与 GB/T 6159.7－2000 相比，本标准的主要变化如下：

——删除 GB/T 6159.7—2000 的"ISO 前言"；

——将 3.25"[缩微影像]数字化"改为"缩微影像数字化"；

——重新编写了"引言"；

——删除了"提示性附录 A"；

——增加了"汉语拼音索引"（见汉语拼音索引）；

——增加了"英文对应词索引"（见英文对应词索引）；

——修订了部分术语和定义。

GB/T 6159.8－2003 缩微摄影技术 词汇
第8部分：应用

【标 准 号】GB/T 6159.8－2003

【标准名称】缩微摄影技术 词汇 第8部分：应用

【采标情况】ISO 6196-8：1998，MOD

【发布时间】2003年5月14日

【实施时间】2003年12月1日

【起草单位】全国文献影像技术标准化技术委员会第七分委员会

【起 草 人】张成林、毛谦

【适用范围】

本标准为 GB/T 6159《缩微摄影技术 词汇》系列标准的第8部分，界定了缩微摄影技术领域内在应用中的术语。本标准适用于缩微摄影技术及其相关领域。

【主要内容】

本标准正文包括3部分内容，分别是：范围，规范性引用文件，术语和定义。其中，术语和定义部分主要对缩微摄影技术领域内在应用中的术语进行了规范化定义和说明。本标准有1个资料性附录，即附录A《屏幕的特性》，附图说明了散射指数和有效屏幕区域的概念。本标准有2个索引，即《汉语拼音索引》与《英文对应词索引》。

【修订情况】

无。

GB/T 6160－2003 缩微摄影技术
源文件第一代银-明胶型缩微品
密度规范与测量方法

【标 准 号】GB/T 6160－2003

【标准名称】缩微摄影技术 源文件第一代银-明胶型缩微品 密度规范与测量方法

【采标情况】ISO 6200：1999，MOD

【发布时间】2003 年 5 月 14 日

【实施时间】2003 年 12 月 1 日

【起草单位】全国文献影像技术标准化技术委员会一分会

【起 草 人】肖建萍、孙静荣、刘丁君、于连祥、刘培平

【适用范围】

本标准规定了缩微品漫透射视觉密度的测试方法。本标准适用于源文件的负像缩微品。

【主要内容】

本标准正文包括 5 部分内容，分别是：范围，规范性引用文件，术语和定义，测量方法，密度规范。其中，密度规范部分所规定的密度值均为标准漫透射视觉密度，非着色片基缩微品的密度主要有片基加灰雾的密度和背景密度方面的规定，非着色片基缩微品的片基加灰雾的密度应不高于 0.10，并分别针对 4 个文件类别给出背景密度。着色片基的片基加灰雾密度值因片基密度较大而常常高于 0.10，在适当的情况下，其密度控制宜遵循胶片制造厂商的具体推荐值。

【修订情况】

代替 GB/T 6160－1995。与 GB/T 6160－1995 相比，本标准的主要变化如下：

——将非着色片基缩微品的片基加灰雾的密度由"不得超过 0.16"改为"应不高于 0.10"；

——表 1 中文件类别由 5 组调整为 4 组。

GB/T 6161—2008　缩微摄影技术
ISO 2 号解像力测试图的描述及其应用

【标 准 号】GB/T 6161—2008

【标准名称】缩微摄影技术　ISO 2 号解像力测试图的描述及其应用

【采标情况】ISO 3334：2006，IDT

【发布时间】2008 年 7 月 16 日

【实施时间】2009 年 1 月 1 日

【起草单位】全国文献影像技术标准化技术委员会一分会

【起 草 人】张斌、寇瑞清、李铭

【适用范围】

本标准规定了通过测量缩微品中可识别最小细节尺寸来决定解像力的方法。本标准适用于确定摄影机、胶片和处理工艺组成的缩微摄影系统的解像力以及由这样的系统摄制的缩微品所达到的解像力。在后种情况下，它不适用于确定阅读器、阅读复印机或计算机输出缩微品(COM)成像系统的解像力。

【主要内容】

本标准正文包括 6 部分内容，分别是：范围，规范性引用文件，术语和定义，ISO 2 号解像力测试图，测试图使用方法，测试图影像的辨读方法。其中，ISO 2 号解像力测试图部分主要对底基、ISO 2 号解像力测试图样、测试图样的空间频率、测试图样的数码标示方法、测试图样标示数码、测试图样的排列、测试图名称与来源等进行了系统说明。测试图使用方法部分主要规定了测试目的、测试标板、曝光、冲洗等内容。测试图影像的辨读方法部分对画幅的选择、显微镜的使用、测试图样的检测、伪解像力、一个方向上的线条不能分辨、解像力的表示方法等内容进行了规范。本标准有 1 个资料性附录，即附录 A《影响质量的缺陷》，对制作测试图时线条和间隔之间可能出现的一些缺陷进行了详细描述。

【修订情况】

代替 GB/T 6161—1994。与 GB/T 6161—1994 相比，本标准的主要变化如下：

——增加了 GB/T 1543—1988、GB/T 6159.3—2003、GB/T 6159.5—2000、GB/T 6159.6—2003、GB/T 6159.22—2000、GB/T 12823—1991、GB/T 17293—2008、ISO 5-2：2001、ISO 5-3：1995 和 ISO 5-4：1995 共十个规范性引用文件；

——删除了 GB/T 6160、GB/T 6987 和 GB/T 12356 三个规范性引用文件。

GB 6447－86 文摘编写规则

【标　准　号】GB 6447－86

【标准名称】文摘编写规则

【采标情况】无

【发布时间】1986 年 6 月 14 日

【实施时间】1987 年 6 月 1 日

【起草单位】全国文献工作标准化技术委员会第六分委员会

【起　草　人】王熹、傅兰生

【适用范围】

　　本标准的目的是促进文摘编写的规范化。本标准适用于编写作者文摘，也适用于编写文摘员文摘。

【主要内容】

　　本标准正文包括 6 部分内容，分别是：引言，名词、术语，著录，文摘的详简度，文摘的要素，编写文摘的注意事项。其中，文摘的要素部分目的、方法、结果、结论及其他 5 个方面规定了相关内容的编写，并根据报道性文摘和指示性文摘区别其相关内容的详略程度。编写文摘的注意事项部分主要从 13 个方面进行了详细说明，例如，不得简单地重复题名中已有的信息，要用第三人称的写法，应采用国家颁布的法定计量单位等。本标准有 1 个参考性附录，即附录 A《示例》，举例说明了对同一篇文献的不同类型文摘、典型的报道性文摘、典型的指示性文摘的写作方法。

　　【修订情况】

　　无。

GB/T 7516－2008 缩微摄影技术
缩微拍摄用图形符号

【标　准　号】GB/T 7516－2008

【标准名称】缩微摄影技术　缩微拍摄用图形符号

【采标情况】ISO 9878：1990，MOD

【发布时间】2008 年 12 月 30 日

【实施时间】2009 年 7 月 1 日

【起草单位】全国文献影像技术标准化技术委员会第一分委员会

【起　草　人】王浩、刘巧平、李铭

【适用范围】

本标准给出了缩微摄影技术中用以传达有关缩微品原件状态、制作和使用信息的图形符号。本标准适用于缩微品的摄制。

【主要内容】

本标准正文包括 4 部分内容，分别是：范围，规范性引用文件，术语和定义，图形符号。其中，图形符号部分的表的形式对 ISO 7000 中的参考号对应的符号图形、符号含义、符号用途、符号使用位置 4 个方面内容进行了详细说明与描述。本标准有 1 个索引，列出了符号含义和符号参考号。

【修订情况】

代替 GB/T 7516－1996。与 GB/T 7516－1996 相比，本标准的主要变化如下：

——规范性引用文件中以 GB/T 6519.1－2003 代替 GB/T 6519.1－1985；

——规范性引用文件中删除了 GB/T 6159.2－1985；

——规范性引用文件中增加了 ISO 7000：2004；

——删除了附录 A、附录 B 和附录 C；

——增加了索引。

GB/T 7517—2004 缩微摄影技术
在 16 mm 卷片上拍摄古籍的规定

【标 准 号】GB/T 7517—2004

【标准名称】缩微摄影技术　在 16 mm 卷片上拍摄古籍的规定

【采标情况】无

【发布时间】2004 年 3 月 15 日

【实施时间】2004 年 12 月 1 日

【起草单位】全国文献影像技术标准化技术委员会第 4 分技术委员会

【起 草 人】李健、李铭

【适用范围】

本标准规定了在 16 mm 卷片上拍摄古籍的方法和质量要求。本标准适用于永久性保存的装帧形式为线装、蝴蝶装、包背装、经折装的古籍和现代装帧形式的古籍影印本的缩微拍摄。

【主要内容】

本标准正文包括 10 部分内容，分别是：范围，规范性引用文件，术语和定义，标板，图形符号，原件准备，拍摄准备，质量要求，第一代缩微品校验、补拍与剪接，缩微品的使用和储存。其中，标板部分主要对标板要求、标板类型、标板拍摄顺序进行系统说明。拍摄准备部分主要规定胶片、影像排列和顺序、缩率、确定检索方式、拍摄顺序、拍摄内容、影像位置、空幅、接续拍摄等内容。缩微品的使用和储存部分对缩微品的使用限制、储存环境及片盘转载等进行了规范。

【修订情况】

代替 GB/T 7517—1987。与 GB/T 7517—1987 相比，本标准的主要变化如下：

——标准名称改为"缩微摄影技术　在 16 mm 卷片上拍摄古籍的规定"，删除原名称中"线装"两字；

——适用于线装古籍、单件古籍和现代装帧形式的影印古籍，比原标准涵盖的范围更宽，更具实用性；

——增加了第 2 章"规范性引用文件"；

——增加了引用 ISO 8126：2000 等三个国际标准；

——增加了遵守 GB/T 3792.7—1987《古籍著录规则》的要求；

——根据 GB/T 16573—1996 修订了表 1 和 7.7 中对影像位置的要求；

——根据 GB/T 6160—2003 修订了第一代缩微品的密度要求；

——参照 ISO 8126：2000 修订了第二代缩微品的密度要求；

——参照 ISO 18901：2002 修订了各代缩微品的硫代硫酸根残留量值。

GB/T 7518—2005 缩微摄影技术
在 35 mm 卷片上拍摄古籍的规定

【标 准 号】GB/T 7518—2005

【标准名称】缩微摄影技术 在 35 mm 卷片上拍摄古籍的规定

【采标情况】无

【发布时间】2005 年 4 月 19 日

【实施时间】2005 年 10 月 1 日

【起草单位】全国文献影像技术标准化技术委员会第 4 分技术委员会

【起 草 人】张文增、李铭

【适用范围】

本标准规定了在 35 mm 卷片上拍摄古籍的方法和质量要求。本标准适用于永久性保存的线装、蝴蝶装、包背装、经折装等装帧形式的古籍以及现代装帧形式古籍影印本的缩微拍摄。

【主要内容】

本标准正文包括 11 部分内容，分别是：范围，规范性引用文件，术语和定义，标板，图形符号，原件的准备，拍摄准备，拍摄，质量要求，第一代缩微品校验、补拍与剪接，缩微品的使用和存储。其中，标板部分主要对标板要求和标板类型等内容进行了详细说明。图形符号部分规定了使用符合 GB/T 7516—1996 规定的图形符号的各种情况。原件的准备部分描述了原件的整理、著录和说明。拍摄准备部分对胶片、影像排列和顺序、缩率及检索方式等进行了规定。拍摄部分对拍摄顺序、拍摄内容、影像位置、空幅、连续拍摄等内容进行了规范。质量要求部分主要描述了缩微品的密度、解像力和硫代硫酸根残留量的合理数值。第一代缩微品校验、补拍与剪接部分主要规范了画幅的校验、补拍、剪接等内容。缩微品的使用和存储部分规定了第一代缩微品的使用限制，第一代缩微品、第二代负像缩微品及发行拷贝片的存储环境，片盘装载的有效距离。

【修订情况】

代替 GB/T 7518—1987。与 GB/T 7518—1987 相比，本标准的主要变化如下：

——将 GB/T 7518—1987 的名称由《缩微摄影技术 在 35 mm 卷片上拍摄线装古籍的规定》改为本标准的《缩微摄影技术 在 35 mm 卷片上拍摄古籍的规定》；

——适用于线装古籍、单件古籍和现代装帧形式的影印古籍，比 GB/T 7518—1987 涵盖范围更宽，更具实用性；

——增加了第 2 章"规范性引用文件"；

——增加了引用 ISO 18911：2000 和 ISO 18917：1999 两个国际标准；

——增加了遵守 GB/T 3792.7－1987《古籍著录规则》的要求；

——标准由原来的 13 章简化为 11 章；

——根据 GB/T 6160－2003 修订了第一代缩微品的密度要求；

——根据 GB/T 13984－2005 修订了第二代缩微品的密度要求；

——参照 ISO 18901：2002 修订了各代缩微品的硫代硫酸根残留量值。

GB/T 7713.1－2006 学位论文编写规则

【标 准 号】GB/T 7713.1－2006

【标准名称】学位论文编写规则

【采标情况】ISO 7144：1986，NEQ

【发布时间】2006 年 12 月 5 日

【实施时间】2007 年 5 月 1 日

【起草单位】国务院学位委员会办公室、中国科学技术信息研究所

【起 草 人】吴一、刘春燕、沈玉兰、白光武

【适用范围】

本标准是 GB/T 7713 系列标准的第 1 部分，规定了学位论文的撰写格式和要求。本部分适用于印刷型、缩微型、电子版、网络版等形式的学位论文。同一学位论文的不同载体形式，其内容和格式应完全一致。

【主要内容】

本标准正文包括 6 部分内容，分别是：范围，规范性引用文件，术语和定义，一般要求，组成部分，编排格式。其中，一般要求部分对学术论文的内容、汉字、计量单位等做出了相应要求。组成部分对学位论文的一般要求、前置部分、主体部分、参考文献表、附录及结尾部分进行了规范性说明。编排格式部分主要对学位论文的章、节，页码，书脊等格式进行了描述。本标准共有 8 个规范性附录。附录 A《学位论文结构图》、附录 B《学位论文正文编排格式》、附录 C《封面编排示例》、附录 D《题名页示例》、附录 E《摘要页示例》、附录 F《目次页示例》、附录 G《参考文献表示例》、附录 H《学术论文数据集》，对学位论文相应部分的具体格式进行了规定和说明。

【修订情况】

部分替代 GB/T 7713－1987《科学技术报告、学位论文和学术论文的编写格式》。与 GB/T 7713－1987 相比，本标准的主要变化如下：

——将 GB/T 7713－1987 中的学位论文部分单独列为一个标准，并将标准名称改为《学位论文编写规则》，修改了相应的英文名称；

——增加了第 2 章"规范性引用文件"；

——将 GB/T 7713－1987 第 3 章中与学位论文编写规则无关的术语和定义去掉，增加了"封面""题名页""摘要"等定义；

——将第 3 章"编写要求"改为第 4 章"一般要求"；

——将第 4 章"编写格式"改为第 5 章"组成部分"和第 6 章"编排格式"；

——增加了部分附录；

——按照 GB/T 1.1－2000 对 GB/T 7713－1987 的格式、编排进行了重新调整。

GB/T 7713.3－2014　科技报告编写规则

【标 准 号】GB/T 7713.3－2014

【标准名称】科技报告编写规则

【采标情况】无

【发布时间】2014 年 5 月 6 日

【实施时间】2014 年 11 月 1 日

【起草单位】中国科学技术信息研究所、中国国防科技信息中心、中华人民共和国科学技术部

【起 草 人】张爱霞、曾建勋、朱东辉、周杰、杨代庆、侯人华、赵红光

【适用范围】

本标准是 GB/T 7713 的第 3 部分，规定了科技报告的编写、组织、编排等要求，用于科技报告的撰写、收集、保存、加工、组织、检索和交流利用。本标准适用于印刷型、缩微型、电子版等形式的科技报告。不同学科或领域的科技报告可参考本规则制定本学科或领域的编写规范。

【主要内容】

本标准正文包括 5 部分内容，分别是：范围，规范性引用文件，术语和定义，组成部分，编排格式。其中，组成部分详细介绍了前置、正文和结尾三个组成部分和各自的构成要素。前置部分的必备项主要包括封面、辑要页和目次；正文部分的必备项主要包括作为报告核心的主体部分、结论部分和参考文献；结尾部分则主要包括附录等内容。编排格式部分主要对科技报告的一般要求、编号、图示和符号资料、注释、勘误表、书脊等格式要求进行了规范化说明。本标准有 7 个附录：附录 A《科技报告结构图》为规范性附录，给出了科技报告的各部分内容结构；附录 B《科技报告封面模板示例》、附录 C《科技报告题名页示例》、附录 D《辑要页模板示例》、附录 E《科技报告中的字号和字体》、附录 F《科技报告正文部分编排示例》、附录 G《科技报告 DTD 和 XSL 样式表示例》均为资料性附录，对科技报告涉及的各类格式给出规范示例。

【修订情况】

本标准代替 GB/T 7713.3－2009。与 GB/T 7713.3－2009 相比，本标准的主要变化如下：

——修改了 GB/T 7713.3－2009 第 3 章"术语和定义"中"科技报告"和"辑要页"的定义，增加了"科技报告编号""封面""题名页""摘要""目次"等的定义；

——将 GB/T 7713.3－2009 第 4 章"组成部分"中的"题名页""摘要页"修改为可选

元素，将"辑要页"由结尾部分提到前置部分，并由可选元素变为必备元素。简化、调整了封面、题名页、辑要页等部分包含的元数据元素。增加或细化了各部分的编排说明；

——细化了 GB/T 7713.3－2009 第 5 章"编排格式"中章、节编号以及图、表、公式编号等方面的编排要求，增加了科技报告文字的字体字号要求；

——增加了部分附录。

GB/T 7714—2015 信息与文献 参考文献著录规则

【标 准 号】GB/T 7714—2015

【标准名称】信息与文献 参考文献著录规则

【采标情况】ISO 690：2010，NEQ

【发布时间】2015 年 5 月 15 日

【实施时间】2015 年 12 月 1 日

【起草单位】北京大学信息管理系、中国科学技术信息研究所、北京师范大学学报（自然科学版）编辑部、北京大学学报（哲学社会科学版）编辑部、中国科学院文献情报中心

【起 草 人】段明莲、白光武、陈浩元、刘曙光、曾燕

【适用范围】

本标准规定了各个学科、各种类型信息资源的参考文献的著录项目、著录顺序、著录用符号、著录用文字、各个著录项目的著录方法以及参考文献在正文中的标注法。

本标准适用于著者和编辑著录参考文献，而不是供图书馆员、文献目录编制者以及索引编辑者使用的文献著录规则。

【主要内容】

本标准正文包括 10 部分内容，分别是：范围，规范性引用文件，术语和定义，著录项目与著录格式，著录信息源，著录用文字，著录用符号，著录细则，参考文献表，参考文献标注法。其中，著录项目与著录格式部分规定了专著、专著中的析出文献、连续出版物、连续出版物中的析出文献、专利文献、电子资源的著录项目和著录格式。著录用文字部分对著录中的语种、数字、著者、期刊缩写、字母使用等给出规范。著录细则部分对主要责任者或其他责任者、题名、版本、出版项、页码、获取和访问路径、数字对象唯一标识符、析出文献的著录给出规范。参考文献表部分给出了参考文献表按顺序编码制和按著者—出版年制两种组织的要求。参考文献标注法部分对正文中引用的文献标注方法给出细致规范。本标准有 2 个资料性附录。附录 A《顺序编码制参考文献表著录格式示例》给出了按照顺序编码制方式组织的参考文献表的著录格式示例。附录 B《文献类型和文献载体标识代码》注明了相关标识代码的对应关系。

【修订情况】

代替 GB/T 7714—2005。与 GB/T 7714—2005 相比，本标准的主要变化如下：

——本标准的名称由《文后参考文献著录规则》更名为《信息与文献 参考文献著录规则》；

——根据本标准的适用范围和用途，将"文后参考文献"和"电子文献"分别更名为

"参考文献"和"电子资源";

　　——在"3　术语和定义"中,删除了参考文献无须著录的"并列题名",增补了"阅读型参考文献"和"引文参考文献"。根据 ISO 690:2010(E)修改了"3.1　文后参考文献""3.2　主要责任者""3.3　专著""3.4　连续出版物""3.5　析出文献""3.6　电子文献"的术语、定义、英译名;

　　——在著录项目的设置方面,为了适应网络环境下电子资源存取路径的发展需要,本标准新增了"数字对象唯一标识符"(DOI),以便读者快捷、准确地获取电子资源;

　　——在著录项目的必备性方面,将"文献类型标识(电子文献必备,其他文献任选)"改为"文献类型标识(任选)";将"引用日期(联机文献必备,其他电子文献任选)"改为"引用日期";

　　——在著录规则方面,将"8.1.1"中的"用汉语拼音书写的中国著者姓名不得缩写"改为"依据 GB/T 28039—2011 有关规定,用汉语拼音书写的人名,姓全大写,其名可缩写,取每个汉字拼音的首字母"。在"8.8.2"中增加了"阅读型参考文献的页码著录文章的起讫页或起始页,引文参考文献的页码著录引用信息所在页。"在"8.5　页码"中增补了"引自序言或扉页题词的页码,可按实际情况著录"的条款。新增了"8.6　获取和访问路径"和"8.7　数字对象统一标识符"的著录规则;

　　——在参考文献著录用文字方面,在"6.1"中新增了"必要时,可采用双语著录。用双语著录参考文献时,首先用信息资源的原语种著录,然后用其他语种著录";

　　——为了便于识别参考文献类型,查找原文献、开展引文分析,在"文献类型标识"中新增了"A"档案、"CM"舆图、"DS"数据集以及"Z"其他;

　　——各类信息资源更新或增补了一些示例,重点增补了电子图书、电子学位论文、电子期刊、电子资源的示例,尤其是增补了附视频的电子期刊、载有 DOI 的电子图书和电子期刊的示例以及韩文、日文、俄文的示例。

GB/T 8987－2008　缩微摄影技术　缩微摄影时检查负像光学密度用测试标板

【标　准　号】GB/T 8987－2008

【标准名称】缩微摄影技术　缩微摄影时检查负像光学密度用测试标板

【采标情况】无

【发布时间】2008 年 7 月 16 日

【实施时间】2009 年 1 月 1 日

【起草单位】全国文献影像技术标准化技术委员会一分会、北京电影机械研究所

【起　草　人】白雨龙、何伟、李铭

【适用范围】

本标准规定了检查缩微摄影负像光学密度用的测试标板及其使用方法。本标准适用于 16 mm 平台式缩微摄影机和 A6 缩微平片缩微摄影机的缩微摄影，不适用于轮转式缩微摄影机和 COM 记录器。

【主要内容】

本标准正文包括 6 部分内容，分别是：范围，规范性引用文件，术语和定义，A4幅面的密度测试标板，A3 幅面的密度测试标板，使用方法。其中，A4 幅画、A3 幅面的密度测试标板部分主要对标板的构成、缩率测试尺和标板尺寸等进行了系统说明。使用方法部分主要规定了测试标板的应用、负像光学密度的检测及缩率的检测。

【修订情况】

代替 GB/T 8987－1988。与 GB/T 8987－1988 相比，本标准的主要变化如下：

——增加了应按 GB/T 12356－2008《缩微摄影技术　16 mm 平台式缩微摄影机用测试标板的特征及其使用》另拍摄一个画幅的说明；

——修改了对本标准规定标板使用方法的说明。

GB/T 9999—2001　中国标准连续出版物号

【标　准　号】GB/T 9999—2001

【标准名称】中国标准连续出版物号

【采标情况】eqv ISO 3297：1998

【发布时间】2001 年 11 月 14 日

【实施时间】2002 年 6 月 1 日

【起草单位】全国信息与文献标准化技术委员会出版物格式分技术委员会

【起　草　人】安秀敏、宋萍萍

【适用范围】

　　本标准规定了中国标准连续出版物号的结构、内容、印刷格式与位置及其分配原则。本标准适用于经国家出版管理部门正式许可出版的任何载体的连续出版物。连续出版物包括期刊、报纸、年度出版物等。

【主要内容】

　　本标准正文包括 7 部分内容，分别是：范围，引用标准，定义，中国标准连续出版物号的结构，印刷格式与位置，中国标准连续出版物号的分配原则，中国标准连续出版物号系统所使用的数据项目。其中，中国标准连续出版物号的结构部分规定中国标准连续出版物号由一个国际标准连续出版物号和一个国内统一连续出版物号两部分组成并给出其结构格式。印刷格式与位置部分规定中国标准连续出版物号应印在每期连续出版物显著的、固定的位置上。国际标准连续出版物号（ISSN）与国内统一连续出版物号（CN 号）可以分开印刷。中国标准连续出版物号的分配原则有 4 个；中国标准连续出版物号系统所使用的数据项目有 18 项。本标准有 3 个附录：附录 A《ISSN 校验码计算方法》、附录 B《省、自治区、直辖市地区号》、附录 C《期刊分类表》。

【修订情况】

　　代替 GB/T 9999—1988。

GB 11668—89　图书和其它出版物的书脊规则

【标　准　号】GB 11668—89

【标准名称】图书和其它出版物的书脊规则

【采标情况】参照 ISO 6357—1985

【发布时间】1989 年 10 月 12 日

【实施时间】1990 年 6 月 1 日

【起草单位】中国标准出版社

【起　草　人】崔静珍

【适用范围】

本标准规定了书脊的定义、内容和设计规则。本标准适用于一般图书、系列出版物、多卷出版物、期刊报告、文件(如盒装文件和盒式磁带)以及拟上架的类似出版物，不适用于外文版图书及线装书。

【主要内容】

本标准正文包括 3 部分内容，分别是：主题内容和适用范围，定义，书脊名称和边缘名称的设计和使用。其中，定义部分主要对书脊、书脊名称、纵排书脊名称、横排书脊名称、边缘名称的概念进行了规范界定。书脊名称和边缘名称的设计和使用部分主要规定了图书及其他出版物(系列出版物、多卷出版物、期刊及其合订本)的书脊名称和边缘名称的设计和使用规则。

【修订情况】

无。

GB/T 12355—2008 缩微摄影技术 有影像缩微胶片的连接

【标　准　号】GB/T 12355—2008

【标准名称】缩微摄影技术 有影像缩微胶片的连接

【采标情况】无

【发布时间】2008 年 7 月 16 日

【实施时间】2009 年 1 月 1 日

【起草单位】全国文献影像技术标准化技术委员会四分会

【起 草 人】张阳、张文增

【适用范围】

本标准规定了有影像的 16 mm 和 35 mm 卷式缩微胶片的连接要求。本标准适用于有影像的 16 mm 和 35 mm 卷式缩微胶片的连接。

【主要内容】

本标准正文包括 6 部分内容，分别是：范围，规范性引用文件，术语和定义，连接类型，缩微胶片的连接，每盘胶片的连接数。其中，缩微胶片的连接部分规定了缩微胶片连接部位的宽度、缩微胶片连接部位的厚度、缩微胶片端头间的距离、缩微胶片连接边缘的倾斜度、抗拉和断裂强度、不同类型连接的应用等内容。本标准有 1 个资料性附录，即附录 A《连接材料与连接工艺》，它主要从 5 个方面描述了连接材料与连接工艺的要求。

【修订情况】

代替 GB/T 12355—1990。与 GB/T 12355—1990 相比，本标准的主要变化如下：

——增加了"连接类型"一章(第 4 章)；

——增加了"不同类型连接的应用"(第 5.6 条)；

——将缩微胶片连接边缘倾斜角度的"偏移值不应大于 2.65 mm"(原 2.4 条和表中的 E 值)改为"偏移值不应大于 2.63 mm"(现 5.4 条和表中的 E 值)；

——将"这种偏移，在同一条缩微胶片上有多处连接时不应进行累加计算"(原 2.4 条)改为"这种偏移，在同一条缩微胶片上有多处连接时，累积的偏移值不应大于 2.63 mm"(现 5.4 条)。

GB/T 12356－2008 缩微摄影技术 16 mm 平台式缩微摄影机用测试标板的特征及其使用

【标 准 号】GB/T 12356－2008

【标准名称】缩微摄影技术 16 mm 平台式缩微摄影机用测试标板的特征及其使用

【采标情况】无

【发布时间】2008 年 7 月 16 日

【实施时间】2009 年 1 月 1 日

【起草单位】全国文献影像技术标准化技术委员会一分会

【起 草 人】孙跃军、李铭

【适用范围】

本标准规定了检查 16 mm 平台式缩微摄影机性能用的测试标板的特征及其使用方法。本标准适用于 16 mm 平台式缩微摄影机和 A6 缩微平片摄影机。本标准不适用于轮转式缩微摄影机和 COM 记录器。

【主要内容】

本标准正文包括 5 部分内容,分别是:范围,规范性引用文件,术语和定义,测试标板的特征,使用方法。其中,测试标板的特征部分主要有标板的构成、测试图、缩率卡、缩率测试尺、基板材料、标板尺寸 6 个方面的内容。使用方法部分主要有 A 板与 B 板的使用、解像力或可读性的测定、缩率的测定 3 项内容。

【修订情况】

代替 GB/T 12356－1990。与 GB/T 12356－1990 相比,本标准的主要变化如下:

——删除了关于测试图放置位置偏离误差的规定;

——增加了有关使用 ISO 1 号测试图的内容;

——增加了关于可读性测定方法和缩率测定方法的规定。

GB/T 12450—2001 图书书名页

【标 准 号】GB/T 12450—2001

【标准名称】图书书名页

【采标情况】eqv ISO 1086：1991

【发布时间】2001 年 12 月 19 日

【实施时间】2002 年 8 月 1 日

【起草单位】全国信息与文献工作标准化技术委员会出版物格式分委员会

【起 草 人】傅祚华、徐家宗、蔡京生

【适用范围】

本标准规定了图书书名页上的文字信息及其编排格式。本标准适用于印刷出版的图书。

【主要内容】

本标准正文包括 5 部分内容，分别是：范围，引用标准，定义，主书名页，附书名页。其中，定义部分主要对书名页、主书名页、附书名页、作者、出版者、图书在版编目数据等术语进行了定义。主书名页部分主要规定了扉页和版本记录页在主书名页的具体位置及其所提供的信息。附书名页部分给出了相关信息内容及编排格式。

【修订情况】

代替 GB/T 12450—1990。与 GB/T 12450—1990 相比，本标准的主要变化如下：

——调整了 GB/T 12450—1990 的部分术语的定义和英译名，采用了出版界习用的扉页、版本记录页等术语；

——明确了版权说明的方法，调整了版本记录的内容，强化了主书名页与附书名页功能的划分。

GB/T 12451－2001 图书在版编目数据

【标 准 号】GB/T 12451－2001

【标准名称】图书在版编目数据

【采标情况】无

【发布时间】2001 年 12 月 19 日

【实施时间】2002 年 8 月 1 日

【起草单位】全国信息与文献工作标准化技术委员会出版物格式分委员会

【起 草 人】傅祚华、徐家宗、阚元汉、蔡京生

【适用范围】

本标准规定了图书在版编目数据的内容和选取规则及印刷格式。本标准适用于为在出版过程中的图书编制书目数据。

【主要内容】

本标准包括 7 部分内容，分别是：范围，引用标准，定义，图书在版编目数据内容，图书在版编目数据的项目标识符和内容标识符，图书在版编目数据选取规则，图书在版编目数据的印刷格式。其中，图书在版编目数据内容部分分为著录数据和检索数据两项内容。著录数据对书名与作者项、版本项、出版项、丛书项、附注项、标准书号项 6 个著录项目进行说明，检索数据包括图书识别特征的检索点和内容主题的检索点。图书在版编目数据的项目标识符和内容标识符部分对著录项目及其组成部分之前须冠以的标识符进行了说明。图书在版编目数据选取规则部分主要包括著录数据选取规则和检索数据标引规则。其中，检索数据标引规则有书名检索点和作者检索点、主题词的标引、分类号的标引等内容。图书在版编目数据的印刷格式部分由 6 项内容组成。

【修订情况】

代替 GB/T 12451－1990。与 GB/T 12451－1990 相比，本标准的主要变化如下：

——撤销调整了部分术语和定义；

——撤销了 GB/T 12451－1990 第 6 章"图书在版编目数据的文字"和第 8 章"图书在版编目数据的详细型和简略型"，修改了部分条文的措辞。

GB 13141－91 书目信息交换用希腊字母编码字符集

【标　准　号】GB 13141－91

【标准名称】书目信息交换用希腊字母编码字符集

【采标情况】ISO 5428－1984，IDT

【发布时间】1991 年 8 月 30 日

【实施时间】1992 年 4 月 1 日

【起草单位】全国文献工作标准化技术委员会第四分委员会

【起　草　人】董成泰

【适用范围】

本标准包括一套 73 个图形字符和它们的编码表示。它由一个代码表、一个表示各个代码图形及该图形字符用途和名称的图例所组成，还包括解释性注释。本套字符与 GB 1998 国家标准版本中的字符配套使用，构成一个希腊字母书目引文交换用的字符集（包括它们的注释）。

【主要内容】

本标准正文包括 7 部分内容，分别是：主题内容与适用范围，引用标准，实现方法，代码表，图例，解释性注释，参考资料。其中，代码表部分和图例部分主要对代码图形及其在代码表中的位置、名称、说明等进行详细介绍。解释性注释部分主要规定了字符类型，包括发音符、字母字符、符号等。

【修订情况】

无。

GB 13142－91　书目信息交换用拉丁字母代码字符扩充集

【标　准　号】GB 13142－91

【标准名称】书目信息交换用拉丁字母代码字符扩充集

【采标情况】ISO 5426－1983，IDT

【发布时间】1991 年 8 月 30 日

【实施时间】1992 年 4 月 1 日

【起草单位】全国文献工作标准化委员会第四分委会

【起　草　人】安树兰

【适用范围】

本标准包括一套 76 个图形字符及它们的代码化形式。它由代码表、表示每个图形的图例、该图形字符的用途及其名称组成，还包括一些解释性注释。本字符集基本为数据处理系统之间和信息传送系统内部的信息交换使用。

【主要内容】

本标准正文包括 7 部分内容，分别是：主题内容与适用范围，引用标准，执行，代码表，符号表，解释性注释，参考资料。其中，符号表部分包括三类字符表。三类字符分别是符号、发音符号和特殊字符，各表均包含每个图形的图例、该图形字符的用途及其名称。解释性注释部分对字符集中的三类字符进行了系统的解释说明。

【修订情况】

无。

GB/T 13190.1－2015　信息与文献　叙词表及与其他词表的互操作 第1部分：用于信息检索的叙词表

【标　准　号】GB/T 13190.1－2015

【标准名称】信息与文献　叙词表及与其他词表的互操作　第1部分：用于信息检索的叙词表

【采标情况】ISO 25964-1：2011，MOD

【发布时间】2015年5月15日

【实施时间】2015年12月1日

【起草单位】华东理工大学、国家图书馆、中国科技信息研究所、北京大学、解放军南京政治学院、中国国防科技信息中心

【起　草　人】陈树年、汪东波、曾建勋、常春、王军、包冬梅、真溱

【适用范围】

本标准是GB/T 13190《信息与文献　叙词表及与其他词表示的互操作》系统标准的第1部分，为信息检索用叙词表的开发与维护提供了一个推荐性的建议，还提供了一个数据模型以及叙词表数据输入输出的推荐格式。本标准适用于检索所有类型信息资源，包括知识库与知识门户、书目数据库、文本、博物馆与多媒体馆藏及其各自的词表；适用于单语种和多语种叙词表；不适用于书后索引的编制，但其中很多规定对编制书后索引是有用的；不适用于在检索或标引应用程序中直接使用的数据库或软件，但也预见了这类应用程序在对叙词表管理实用性推荐方面的应用需求。

【主要内容】

本标准正文包括18部分内容，分别是：范围，规范性引用文件，术语和定义，叙词表概述和目标，叙词表中的概念及其范围，叙词表语词，复杂概念，单语种叙词表中的等同关系，跨语言等同，概念之间的关系，分面分析，显示与布局，叙词表的构建与维护管理，叙词表管理软件的指导原则，数据模型，叙词表与应用程序的集成，交换格式，协议。其中，叙词表中的概念及其范围部分包括概念基础、范围注释、互见范围注释等内容。叙词表语词部分包括语词形式、叙词表语词的明晰和消歧、语法形式等内容。复杂概念部分包括复杂概念的确定、复杂概念的分解、处理复杂概念的一致性等内容。单语种叙词表中的等同关系部分包括同义词、准同义词、包含在上位概念中的专指词等内容。跨语言等同部分包括等同程度、典型问题及解决办法、优选词之间及非优选词之间的跨语言等同表达方式等内容。概念之间的关系部分包括等级关系、相关关系、自定义关系等内容。叙词表的构建与维护管理部分包括叙词表规划、编制工作初期阶段、构建叙词表等内容。叙词表管理软件的指导原则部分包括规模和

字符限制、语词间和概念间的关系、语词和概念的注释等内容。数据模型部分包括模型说明、列表呈现等内容。叙词表与应用程序的集成部分包括叙词表互操作的需求、与标引和检索应用程序集成等内容。交换格式部分对不同计算机应用间的互操作给出了常用的 3 种数据交换格式。协议部分包括目的和用途、应用环境和架构、叙词表专门协议、叙词表使用的通用 Web 数据库协议等内容。本标准有 3 个资料性附录：附录 A《国外已出版叙词表显示样例》和附录 B《国内已出版叙词表显示样例》、附录 C《用于数据交换的 XML 框架》。

【修订情况】

代替 GB/T 13190－1991、GB/T 15417－1994。与 GB/T 13190－1991、GB/T 15417－1994 相比，本标准的主要变化如下：

——增加了基于数字技术的词表编制规则（见 14.8、14.9、14.10）；

——增加了网络环境下的词表应用规则（见第 15 章、第 16 章、第 17 章、第 18 章）。

GB/T 13191－2009 信息与文献 图书馆统计

【标 准 号】GB/T 13191－2009

【标准名称】信息与文献 图书馆统计

【采标情况】ISO 2789：2006，IDT

【发布时间】2009 年 3 月 13 日

【实施时间】2009 年 9 月 1 日

【起草单位】中国科学院国家科学图书馆、国家图书馆、中国科学技术信息研究所、清华大学图书馆、北京大学图书馆、中国社会科学院文献信息中心

【起 草 人】初景利、李玲、富平、姜山、贾延霞、黎知谨、刘彦丽、耿海英、张红霞

【适用范围】

本标准规定了图书馆与信息服务领域收集和报告统计数据的规则，主要用于：提供国际报告；确保不同国家间统计方法的一致性；鼓励利用统计数据促进图书馆管理和信息服务工作；提供符合国际标准 ISO 11620 所要求的数据。

【主要内容】

本标准正文包括 6 部分内容，分别是：范围，规范性引用文件，术语和定义，统计的用途、作用及局限性，统计数据报告，统计数据采集。其中，统计的用途、作用及局限性部分主要对图书馆统计的目的和背景、图书馆实践的发展、图书馆统计指标的选择等内容进行了描述。统计数据报告部分主要对数据涉及的时间周期和抽样估算的数据进行了说明。统计数据采集部分主要对图书馆、馆藏、图书馆利用和用户、获取和设施、支出、图书馆工作人员等图书馆统计中所能涉及的各个方面的统计指标和统计方法进行了系统性规范和界定，以完整地评价、比较图书馆和信息服务。本标准有 3 个规范性附录。附录 A《电子图书馆服务的使用评估》为图书馆和信息服务制定了电子图书馆服务利用中的馆藏和统计报告的相关准则，主要涵盖了电子服务利用的统计方法和用户利用行为。附录 B《扩展统计分析的推荐类目》，主要为进一步统计分析推荐了除本标准第三章定义的统计类目外的类目，建议用于国际比较。附录 C《总计》主要涉及国家级统计和其他合计统计的编辑。

【修订情况】

本标准代替 GB/T 13191－1991。与 GB/T 13191－1991 相比，本标准的主要变化如下：

——与国际标准 ISO 2789：2006 接轨；

——增加了图书馆电子资源与服务的统计项目；

——规定了 ISO 11620《信息与文献——图书馆绩效指标》中所需要的统计数据；

——增加了若干统计项目，以反映近年来图书馆工作的变化。

GB/T 13396—2009 中国标准录音制品编码

【标 准 号】GB/T 13396—2009

【标准名称】中国标准录音制品编码

【采标情况】ISO 3901：2001，MOD

【发布时间】2009 年 9 月 30 日

【实施时间】2010 年 2 月 1 日

【起草单位】中国出版科学研究所、国际唱片业协会北京代表处

【起 草 人】魏玉山、蔡京生、许正明、蔡逊、郭彪、王炬、朱诠、周芷旭、张书卿、刘颖丽

【适用范围】

本标准规定了中国标准录音制品编码的结构和显示方式，旨在为每一录音制品和音乐录像制品或每一可独立使用的曲目篇节提供唯一标识。本标准适用于在中国标准录音制品编码管理机构登记的录音制品和音乐录像制品制作者所录制的录音制品和音乐录像制品。

【主要内容】

本标准正文包括 5 部分内容，分别是：范围，规范性引用文件，术语和定义，中国标准录音制品编码的结构，中国标准录音制品编码的管理。其中，中国标准录音制品编码的结构部分包括构成、国家码、登记者码、登记年、制品码等内容。中国标准录音制品编码的管理部分主要有管理机构、登记者码的分配和管理、登记年和制品码的分配和管理、中国标准录音制品编码的信息维护等内容。本标准有 2 个规范性附录。附录 A《中国标准录音制品编码使用指南》，对中国标准录音制品编码分配通则、制品修订后的编码分配、中国标准录音制品编码的携载、中国标准录音制品编码的应用进行规范。附录 B《中国标准录音制品编码元数据》，对 ISRC、名称、登记者、描述等 11 项中国标准录音制品编码元数据的数据项进行解释说明。

【修订情况】

代替 GB/T 13396—1992。与 GB/T 13396—1992 相比，本标准的主要变化如下：

——调整了 GB/T 13396—1992 的适用范围，使之与 ISO 3901：2001 的适用范围完全一致；

——术语和定义中删除了"记录码""记录项码"以及"类别代码"，增加了"录音制品"和"音乐录像制品"；

——等同采用国际标准录音制品编码（ISRC）的编码结构，删除了原标准中的类别代码，并将原"记录码"和"记录项码"合并成"制品码"；

——删除了 GB/T 13396—1992 的"5　中国标准音像制品编码的显示方式"部分，并根据 ISO 3901：2001 的结构，增加了"5　中国标准录音制品编码的管理"；

——删除了 GB/T 13396—1992 的"附录 A　需要说明的几个问题"和"附录 B　中国图书馆图书分类法"，增加了"附录 A　中国标准录音制品编码使用指南"和"附录 B　标准录音制品编码相关元数据信息"部分。

GB/T 13417－2009　期刊目次表

【标　准　号】GB/T 13417－2009

【标准名称】期刊目次表

【采标情况】ISO 18：1981，MOD

【发布时间】2009 年 9 月 30 日

【实施时间】2010 年 2 月 1 日

【起草单位】清华大学出版社、北京林业大学、中国农业科学院信息所、北京师范大学、中国科学技术信息研究所

【起　草　人】蔡鸿程、颜帅、刘春燕、陈浩元、潘淑春、沈玉兰

【适用范围】

本标准规定了期刊目次表的构成、内容要求和编排格式。本标准适用于期刊目次表的编排工作。

【主要内容】

本标准正文包括 6 部分内容，分别是：范围，术语和定义，内容和结构，编制基本规则，位置，编排细则。其中，内容和结构部分主要对目次表应包含的内容和各条目的结构等问题进行了系统规范。编制基本规则部分明确了期刊目次表编制的 4 项基本规则。位置部分对目次表在期刊中的位置进行了详细介绍。编排细则部分主要规定了期刊目次表中各项内容的编排规则。

【修订情况】

代替 GB/T 13417－1992。与 GB/T 13417－1992 相比，本标准的主要变化如下：

——标准名称由《科学技术期刊目次表》改为《期刊目次表》；

——增加了前言；

——增加了广告目次；

——简化了关于多语种目次表的表述；

——明确了封面及插页上的重要图片、插图、附表的条目，也应在目次表中列出。

GB/T 13418—92　文字条目通用排序规则

【标　准　号】GB/T 13418—92

【标准名称】文字条目通用排序规则

【采标情况】参照采用 ISO 7154—1983

【发布时间】1992 年 4 月 13 日

【实施时间】1992 年 12 月 1 日

【起草单位】全国文献工作标准化技术委员会第四分会

【起　草　人】朱岩、朱南

【适用范围】

本标准规定了汉字字符和非汉字字符排序通用的基本规则。本标准适用于各种名称（人名、团体名、国名、地名、题名、品名、物名、会议名等）、字词、目录、编号、代码、数字、年代等一切要求有序印刷、显示等的排序处理。不同业务领域，由于排序条目不同，排序项和排序段的设定也可以不一样，在使用这一规则时，可根据本标准和本行业的具体需要补充制订相应的排序细则。

【主要内容】

本标准正文包括 5 部分内容，分别是：主题内容与适用范围，引用标准，术语，一般规则，排序字符排序规则。其中，一般规则部分对排序信息的区分、排序顺序、排序级别、排序款目、排序项的排序、排序段等内容给出规范。排序字符排序规则部分对汉字字符排序、非汉字字符串排序、汉字字符与非汉字字符混合出现时的排序进行规范。本标准有 1 个参考性附录，即附录 A《汉字部首表》，汉字部首表按照一画到十七画列举。

【修订情况】

无。

GB/T 13984－2005　缩微摄影技术　银盐、重氮和微泡拷贝片　视觉密度　技术规范和测量

【标　准　号】GB/T 13984－2005

【标准名称】缩微摄影技术　银盐、重氮和微泡拷贝片　视觉密度　技术规范和测量

【采标情况】ISO 8126：2000，MOD

【发布时间】2005 年 4 月 19 日

【实施时间】2005 年 10 月 1 日

【起草单位】全国文献影像技术标准化技术委员会一分会

【起　草　人】陈林荣、傅伟华、杨杰华、邓昌军、刘培平

【适用范围】

本标准规定了第二代银-明胶型和重氮胶片缩微品的漫透射视觉密度技术规范和第二代微泡胶片缩微品的投影密度技术规范，并且规定了密度的测量方法。本标准不适用于技术图样和其他技术文件的缩微品拷贝片。

【主要内容】

本标准正文包括 6 部分内容，分别是：范围，规范性引用文件，术语和定义，密度测量，源文件缩微品和 COM 片的拷贝片的漫透射视觉密度，微泡拷贝片的投影密度。其中，密度测量部分对银-明胶型和重氮拷贝片的测量方法、微泡拷贝片的测量方法、测量区域 3 个方面的内容进行规范。源文件缩微品和 COM 片的拷贝片的漫透射视觉密度部分对银-明胶型拷贝片和重氮拷贝片漫透射视觉密度指标进行规范。微泡拷贝片的投影密度部分给出了源文件缩微品的微泡拷贝片和 COM 缩微品的微泡拷贝片投影密度指标。

【修订情况】

代替 GB/T 13984－1992。与 GB/T 13984－1992 相比，本标准的主要变化如下：

——删除了 GB/T 13984－1992 的附录 A；

——增加了"银-明胶型拷贝片"（即本标准的 5.1 部分）；

——标准的标题改为《缩微摄影技术　银盐、重氮和微泡拷贝片　视觉密度　技术规范和测量》。

GB/T 15416－2014 科技报告编号规则

【标 准 号】GB/T 15416－2014

【标准名称】科技报告编号规则

【采标情况】无

【发布时间】2014 年 5 月 6 日

【实施时间】2014 年 11 月 1 日

【起草单位】中国科学技术信息研究所、北京创源编码研究院、中国国防科技信息中心、中华人民共和国科学技术部

【起 草 人】贺德方、沈玉兰、白阳、朱东辉、赵红光

【适用范围】

本标准规定了中国科技报告号的结构、编制规则、功能以及管理和维护。本标准适用于各类科技项目所创建的科技报告，含各种载体的科技报告。

【主要内容】

本标准正文包括 6 部分内容，分别是：范围，规范性引用文件，术语和定义，中国科技报告号的结构，中国科技报告号的特征，中国科技报告号的管理。其中，中国科技报告号的结构部分主要对中国科技报告号所包含的基层编号和部门编号，及其结构进行了规范性说明。中国科技报告号的特征部分规定了中国科技报告号的唯一性、稳定性和永久性，同时说明了显示位置和方式及前置符。中国科技报告号的管理部分要求所有中国科技报告号都应当登记，并介绍了维护机构和应用。本标准有 2 个附录。附录 A《科技计划项目名称代码表》为规范性附录，罗列了科学技术部归口的科技计划项目的名称代码；附录 B《科技报告保密等级代码表》为资料性附录，列举了科技报告保密等级的数字代码、汉语拼音代码及汉字代码。

【修订情况】

代替 GB/T 15416－1994。与 GB/T 15416－1994 相比，本标准的主要变化如下：

——删除引用 GB/T 2659 和 GB 4657；

——增加了前言；

——增加引用 GB/T 7713、3、GB/T 11714；

——增加 3.3～3.7 共 5 个术语；

——增加中国科技报告号结构图；

——修改了中国科技报告号的构成元素及相应说明和规定；

——对第 6 章中国科技报告号的管理进行了补充。

GB/T 15418－2009　档案分类标引规则

【标　准　号】GB/T 15418－2009

【标准名称】档案分类标引规则

【采标情况】无

【发布时间】2009 年 9 月 30 日

【实施时间】2010 年 2 月 1 日

【起草单位】国家档案局

【起　草　人】王光越、宋扬、丁德胜

【适用范围】

　　本标准规定了档案分类标引的基本原则、不同类型和主题的档案分类标引规则，以及档案分类标引工作程序和质量管理。本标准适用于各级各类档案馆(室)使用《中国档案分类法》对所藏各种类型的档案进行分类标引；适用于编制档案分类目录、索引以及建立档案目录中心和数据库的档案分类标引工作。

　　【主要内容】

　　本标准正文包括 7 部分内容，分别是：范围，术语和定义，基本规则，各种类型档案分类标引规则，各种主题档案分类标引规则，档案分类标引工作程序，档案分类标引质量管理。其中，档案分类标引工作程序部分有 5 个方面的内容，涉及研读分类法、档案主题分析、判定类别、标引分类号、审校。档案分类标引质量管理部分有 5 个方面的内容，主要是衡量标引工作质量的因素、制定分类标引的规章制度、分类标引人员的素质和要求、建立标引人员与利用者的联系、加强《中国档案分类法》的管理。

　　【修订情况】

　　代替 GB/T 15418－1994。与 GB/T 15418－1994 相比，本标准的主要变化如下：

　　——对标准的适用范围进行了重新界定；

　　——对术语进行了增删；

　　——增加了目次和前言。

GB/T 15693－1995　印刷型文献价格指数标准

【标　准　号】GB/T 15693－1995

【标准名称】印刷型文献价格指数标准

【采标情况】无

【发布时间】1995 年 8 月 22 日

【实施时间】1996 年 4 月 1 日

【起草单位】中国科学院兰州文献情报中心

【起　草　人】孙成权

【适用范围】

本标准规定了印刷型文献价格指数的计算方法，合理地确定印刷型文献的收藏范围、重点以及入藏量。本标准适用于各种类型的情报和文献工作机构及出版发行机构。

【主要内容】

本标准正文包括 5 部分内容，分别是：主题内容与适用范围，引用标准，术语，图书的价格指数与费用指数，连续出版物价格指数与费用指数。其中，图书的价格指数与费用指数部分主要涉及指数统计中包括的图书、指数统计中不包括的图书、指数科目、计算价格和费用的依据、计算方法及指数说明。连续出版物价格指数与费用指数部分主要涉及指数统计中包括的连续出版物、指数统计中不包括的连续出版物、计算价格与费用的依据、计算方法及指数说明。本标准有 1 个参考性附录，即附录 A《中国图书馆图书分类法基本大类类目》。

【修订情况】

无。

GB/T 15737－2014 缩微摄影技术
银-明胶型缩微品的冲洗与保存

【标　准　号】GB/T 15737－2014

【标准名称】缩微摄影技术　银-明胶型缩微品的冲洗与保存

【采标情况】无

【发布时间】2014 年 5 月 6 日

【实施时间】2014 年 11 月 1 日

【起草单位】全国文献影像技术标准化技术委员会一分会

【起　草　人】王浩、李铭

【适用范围】

本标准规定了中期和超长期存储的缩微品制作过程中有关定影、水洗和干燥的要求以及缩微品的保存条件。本标准适用于符合 GB/T 7430－1996 规定的以醋酸纤维素酯、聚酯(聚乙烯对苯二甲酸酯)等为片基的常规冲洗的银-明胶型黑白胶片缩微品，不适用于微泡胶片缩微品、重氮胶片缩微品、干银胶片缩微品和彩色胶片缩微品。

【主要内容】

本标准正文包括 8 部分内容，分别是：范围，规范性引用文件，术语和定义，冲洗加工，缩微胶片冲洗后的要求，包装物与包装材料，存储环境，缩微品的管理和检查。其中，冲洗加工部分主要介绍了缩微胶片冲洗加工的过程和方法，主要包括定影、水洗和干燥三个步骤。缩微胶片冲洗后的要求部分主要对缩微胶片冲洗后的外观、硫代硫酸盐残留量、卷片缠绕、接片等提出了相应要求。包装物与包装材料部分主要介绍了包装物的类型、要求和选择，以及包装材料对纸、塑料、金属材料、黏合剂等材料的要求。存储环境部分主要介绍了存储的相对湿度和温度、空气的净化要求，以及防火、防水和防光的要求。缩微品的管理和检查部分主要介绍了对缩微品的管理方法和检查方法及检查项目等内容。

【修订情况】

本标准代替 GB/T 15737－2005 标准。与 GB/T 15737－2005 相比，本标准的主要变化如下：

——将规范性引用文件 GB/T 1545.1－2003 改为 GB/T 1545－2008；

——将规范性引用文件 GB/T 6165－1985 改为 GB/T 6165－2008；

——将规范性引用文件 GB/T 12355－1990 改为 GB/T 12355－2008；

——将规范性引用文件 GBJ 16－1987 改为 GB 50016－2013；

——将规范性引用文件 ISO 18902：2001 改为 ISO 18902：2013；

——将规范性引用文件 ISO 14523：1999 改为 ISO 18916：2007；

——删除了规范性引用文件 GB/T 744—2004《纸浆抗碱性的测定》；

——删除了规范性引用文件 ISO 18901：2002、GB/T 7430—1996、GB/T 18444—2001 和 ISO 18911：1999(并将这些文件或相应的更新版改为参考文献)；

——规范性引用文件中增加了 GB/T 20227—2005；

——将术语"概率寿命"改为"预期寿命"，并修改了定义(第 3 章)；

——修改了 LE-500 和 LE-100 这两类缩微品的硫代硫酸盐含量的指标，分别由"应低于 1.4 $\mu g/cm^2$"和"应低于 0.7 $\mu g/cm^2$"改为"应不高于 1.4 $\mu g/cm^2$"和"应不高于 3.0 $\mu g/cm^2$"(5.2)；

——增加了有关对存储的缩微记录进行清除、删除、校正或修正方法的表述(8.1)。

GB/T 16573－2008 缩微摄影技术
在 16 mm 和 35 mm 银-明胶型
缩微胶片上拍摄文献的操作程序

【标 准 号】GB/T 16573－2008

【标准名称】缩微摄影技术 在 16 mm 和 35 mm 银-明胶型缩微胶片上拍摄文献的操作程序

【采标情况】ISO 6199：2005，MOD

【发布时间】2008 年 7 月 28 日

【实施时间】2009 年 1 月 1 日

【起草单位】全国文献影像技术标准化技术委员会 4 分会

【起 草 人】毛谦、韩元忠、李铭

【适用范围】

本标准规定了制作符合质量要求的缩微胶片的程序，该缩微胶片上的影像满足扫描的要求。本标准规定了在 16 mm 和 35 mm 银-明胶型缩微胶片上拍摄文献的方法，包括：缩微胶片上影像的方位、无影像区的使用、识别缩微胶片的必需信息。本标准适用于平台式和轮转式缩微摄影机。

【主要内容】

本标准正文包括 13 部分内容，分别是：范围，规范性引用文件，术语和定义，文献的准备，缩微拍摄的条件，缩微拍摄程序，拍摄顺序，扫描用缩微胶片，接片，文献在摄影机稿台上的放置，绕片，质量控制，法律认可性。其中，缩微拍摄的条件部分主要对缩微生胶片的要求、格式和方向、卷式片编码、画幅编号、文献尺寸等进行了规范。缩微拍摄程序部分对连续文献需拍摄在多盘胶片上、每盘缩微胶片的片头和片尾做出规定。拍摄顺序部分首先以表格的形式介绍了拍摄标板的顺序及对应文中条目要求，然后介绍了存档测试区和补拍时的推荐顺序，还对不同应用的标板进行规范。扫描用缩微胶片部分主要对制作扫描用缩微胶片的摄影机、画幅编号、布局、边探测和标板等给出要求。本标准共有 2 个资料性附录。附录 A《文献准备》，强调了对全部需要缩微拍摄的原件以正确顺序放置等问题。附录 B《解像力》，主要介绍了需要确定缩微胶片生产系统的解像力时，应按照何种方法以产生高质量的影像。

【修订情况】

代替 GB/T 16573－1996。与 GB/T 16573－1996 相比，本标准的主要变化如下：

——将 GB/T 16573－1996 的名称及内容中的"缩微卷片"改为"缩微胶片"；

——规范性引用文件中增加了 GB/T 6159 的第二、3、五、6、7、8 和第 10 部分、GB/T 17293—1998、GB/T 19110—2003、GB/Z 20650—2006、ISO 6148：2001、ISO 11962：2002、ISO 18906：2000；

——规范性引用文件中删掉了 GB/T 7519—1987、GB/T 8987—1988、GB/T 8988—1988、GB/T 8990—1988、GB/T 12355—1990、GB/T 12356—1990、GB/T 15021—1994、GB/T 15737—1995；

——增加了"第3章　术语和定义"；

——"画幅间距"改为"进片距"；

——原第6章和第7章合并为第7章；

——原5.4改为第9章，原8.2改为第11章，原第9章改为第12章，取消原第8章和第10章；

——增加"第8章 扫描用缩微胶片""第10章 文献在摄影机稿台上的放置""第13章 法律认可性"；

——删除原附录B和附录D，附录C调整为附录B，附录A和附录B由"标准的附录"改为"资料性附录"；

——在附录B中说明扫描用缩微胶片的质量要求；

——增加了参考文献。

GB/T 17292－2008 缩微摄影技术
第一代银-明胶型缩微品的质量要求

【标 准 号】GB/T 17292－2008

【标准名称】缩微摄影技术 第一代银-明胶型缩微品的质量要求

【采标情况】无

【发布时间】2008 年 7 月 16 日

【实施时间】2009 年 1 月 1 日

【起草单位】全国文献影像技术标准化技术委员会七分会

【起 草 人】耿志东、邓昌军、刘培平、宫岩

【适用范围】

本标准规定了第一代银-明胶型缩微品的质量要求。本标准适用于低、中、高缩率的第一代银-明胶型负像缩微品，不适用于超高缩率缩微品、彩色缩微品和 COM 缩微品。

【主要内容】

本标准正文包括 8 部分内容，分别是：范围，规范性引用文件，术语和定义，缩微品质量的基本要求，可读性及要求指出，完整性及要求，保存性及要求，凭证性及要求。其中，可读性及要求部分指出，可读性是指缩微品中记录的影像信息借助阅读设备可识别的程度，主要有密度、缩微摄影系统的综合解像力与可读性、表面缺陷、影像缺陷、缩率 5 个方面的要求。完整性及要求部分，完整性是指缩微品对被摄原件原貌的再现程度，包括漏拍、影像信息完整、划伤、胶片粘连、胶片破损、乳剂层脱落、龟裂、引片、正文前后标识区、图形符号、检索标记、画幅间隔 12 个方面的内容。保存性及要求部分指出，保存性是指缩微品在适宜的环境条件下可供保存时间长短的质量评价，有硫代硫酸盐残留量、色斑、附着异物、化学污染、霉斑、干燥 6 个方面的要求。凭证性及要求部分指出，凭证性是指缩微品对被摄原件凭据力的保留程度和可供验证该缩微品真伪的依据，主要有凭证标板、缩率偏差、顺序、误拍、补拍、接片 6 个方面的内容要求。

【修订情况】

代替 GB/T 17292－1998。与 GB/T 17292－1998 相比，本标准的主要变化如下：

——删除了 GB/T 17292－1998 的"附录 A"；

——增加了"3 术语和定义"，原章节依次顺延；

——将 GB/T 17292－1998 的第 4、5、6、7 章中的悬置段改为"5.1 概述""6.1 概述""7.1 概述"和"8.1 概述"；

——在规范性引用文件一章中，以最新国家标准代替 GB/T 17292—1998 的国家标准和国际标准，增加了 GB/T 1739.2—2006、GB/T 6159.3、GB/T 6159.4、GB/T 18503—2008、ISO 11962：2002，删除了 GB/T 7519、GB/T 8987、GB/T 8990；

——对第 5 章节进行合并和调整编排，将 GB/T 17292—1998 的第 4 章中有关密度要求的条款统一归入"5.2　密度"中，将缩微品表面缺陷有关条款统一归入"5.4　表面缺陷"中，将缩微品影像缺陷有关条款统一归入"5.5　影像缺陷"中；

——5.2.2 中将"片基加灰雾的密度不得超过 0.16"改为"片基加灰雾的密度不应高于 0.10"；

——5.4.2.3 中增加了"缩微平片的卷曲程度，应符合 GB/T 18503—2008 的规定"。.

GB/T 17293—2008 缩微摄影技术 检查平台式 缩微摄影机系统性能用的测试标板

【标 准 号】GB/T 17293—2008

【标准名称】缩微摄影技术 检查平台式缩微摄影机系统性能用的测试标板

【采标情况】ISO 10550：1994，MOD

【发布时间】2008 年 7 月 16 日

【实施时间】2009 年 1 月 1 日

【起草单位】全国文献影像技术标准化技术委员会一分会

【起 草 人】刘巧平、宫岩、李铭

【适用范围】

本标准规定了检查平台式摄影机系统性能用的测试标板，其中包括检查系统性能的方法和对常规使用的摄影机进行监控的方法。本标准适用于制作 35 mm 缩微卷片和开窗卡形式的第一代缩微品所使用的系统。本标准不适用于复制片或硬拷贝的制作。

【主要内容】

本标准正文包括 4 部分内容，分别是：范围，规范性引用文件，测试标板的制作和描述，方法。其中，测试标板的制作和描述部分有总则、反射光曝光用测试标板、透射光曝光用测试标板 3 个方面的内容。方法部分有检查系统的方法和常规使用的摄影机的监控方法两项内容。本标准有 1 个附录，附录 A《不同类型原件的示例》为资料性附录，对需用反射光拍摄的文件和需用透射光拍摄的文件给出示例。

【修订情况】

代替 GB/T 17293—1998。与 GB/T 17293—1998 相比，本标准的主要变化如下：

——删除了 GB/T 7517—1987、GB/T 8988—1988、GB/T 8989—1998、GB/T 8990—1998、GB/T 12356—1990、ISO 3272-1：1983、ISO 6191：1991 和 ISO 9923：1994 八个引用文件；

——以 GB/T 6161—2008 代替 GB/T 6161—1994；

——以 GB/T 18405—2008 代替 GB/T 18405—2001；

——以 GB/T 7973—2003 代替 ISO 2469：1994。

GB/T 17294.1—2008 缩微摄影技术
字母数字计算机输出缩微品 质量控制
第1部分：测试幻灯片和测试数据的特征

【标 准 号】GB/T 17294.1—2008

【标准名称】缩微摄影技术 字母数字计算机输出缩微品 质量控制 第1部分：测试幻灯片和测试数据的特征

【采标情况】ISO 8514-1：2000，IDT

【发布时间】2008年7月16日

【实施时间】2009年1月1日

【起草单位】全国文献影像技术标准化技术委员会七分会

【起 草 人】陈林荣、刘培平、谭田田、秦佳心

【适用范围】

本标准为 GB/T 17294《缩微摄影技术 字母数字计算机输出缩微品 质量控制》系列标准的第1部分。本标准规定了用于测量字母数字计算机 COM 记录仪输出缩微品质量的测试幻灯片和测试数据的特征。本标准适用于使用幻灯片的 COM 记录仪。

【主要内容】

本标准正文包括6部分内容，分别是：范围，规范性引用文件，术语和定义，原始图样说明，测试幻灯片的特性，测试数据。其中，原始图样说明部分主要有概述、定位网格、密度测量区域、测试图区域、密度平衡区域、COM 字符可读性测试区域、字符测试区域7个方面的内容。测试幻灯片的特性部分用来指导测试幻灯片的生产者和使用者制定技术规范，主要有容器、缩率、极性、密度、缺陷、解像力、合格证7个方面的技术规范。测试数据部分主要有定位区域、COM 字符可读性测试区域、COM 字符组区域3项内容。

【修订情况】

代替 GB/T 17294.1—1998。与 GB/T 17294.1—1998 相比，本标准的主要变化如下：

——删除 ISO 8514-2：2000 的前言，增加本部分"引言"；

——将"引用标准"改为"规范性引用文件"，同时引入最新版本的引用文件；

——修改用词不当和翻译不准确处。

GB/T 17294.2－2008　缩微摄影技术
字母数字计算机输出缩微品
质量控制　第 2 部分：方法

【标　准　号】GB/T 17294.2－2008

【标准名称】缩微摄影技术　字母数字计算机输出缩微品　质量控制　第 2 部分：方法

【采标情况】ISO 8514-2：2000，IDT

【发布时间】2008 年 7 月 16 日

【实施时间】2009 年 1 月 1 日

【起草单位】全国文献影像技术标准化技术委员会七分会

【起　草　人】张美芳、马丹宁、段文吉、刘丁君

【适用范围】

本标准为 GB/T 17294《缩微摄影技术　字母数字计算机输出缩微品　质量控制》系列标准的第 2 部分，规定了利用格式幻灯片对字母数字式计算机输出缩微品（COM）的质量进行测量的方法，并提供了确立图像发生器最适应强度（曝光量）的方法。本标准适用于使用格式幻灯片的 COM 记录仪。

【主要内容】

本标准正文包括 7 部分内容，分别是：范围，规范性引用文件，术语和定义，方法的概述，测试过程，第一代缩微品的密度，应用。其中，方法的概述部分主要对质量控制方法的步骤进行了规范。测试过程部分主要描述了测试幻灯片影像的优化和图像发生器的影像优化。第一代缩微品的密度部分主要对缩微品的密度测试区域和密度值进行了系统说明。应用部分主要介绍了安装与维护测试和常规检测。本标准有 1 个附录，附录 A《复制片》为资料性附录，对复制片的制作、选择、保留、测定进行了说明。

【修订情况】

代替 GB/T 17294.2－1998。与 GB/T 17294.2－1998 相比，本标准的主要变化如下：

——删除 ISO 8514-2：2000 的前言，增加本部分"引言"；

——将"引用标准"改为"规范性引用文件"，同时引入最新版本的引用文件；

——在 5.2.4"COM 解像力"条内，增设"5.2.4.1"和"5.2.4.2"，并进了"$Q＝P×H$"计算式；

——修改用词不当和翻译不准确处。

GB/T 17739.1—2008 技术图样与技术文件的缩微摄影 第1部分：操作程序

【标 准 号】 GB/T 17739.1—2008

【标准名称】 技术图样与技术文件的缩微摄影 第1部分：操作程序

【采标情况】 ISO 3272-1：2003，IDT

【发布时间】 2008年7月16日

【实施时间】 2009年1月1日

【起草单位】 全国文献影像技术标准化技术委员会六分会、国家档案局档案科学技术研究所

【起 草 人】 聂曼影、吴筑清、魏伶俐、晏杰

【适用范围】

本标准为 GB/T 17739《技术图样与技术文件的缩微摄影》系列标准的第1部分，规定了在35 mm无孔胶片上拍摄技术图样和诸如建筑设计图、计算记录、技术要求、符号集和零件单等其他技术文件的缩小比率、放大倍率、放大尺寸和由此而生成的摄影尺寸。本标准适用于缩微拍摄浅色背景上有深色线条和字符、尺寸不超过A0的文件，原件宜符合 ISO 5457：1999 和 GB/T 10609.4 的要求。本标准还适用于 ISO 5457：1999 规定以外的，只要幅面不超过 912 mm×1230 mm，并且按本标准规定能够容纳在35 mm缩微胶片单一画幅中的其他尺寸文件的缩微拍摄。本标准不适用于 COM 设备产生的影像。

【主要内容】

本标准正文包括7部分内容，分别是：范围，规范性引用文件，术语和定义，生片，原件，拍摄程序，放大。其中，原件部分包括尺寸、制备、中心标记、方向标记、边框、米制标尺、文件在平台式摄影机稿台上的位置7个方面的内容。拍摄程序部分主要有画幅区、摄影区和进片距，缩小比率，按比例还原图样，片头和片尾，多页文件的排列方式5个方面的内容。放大部分介绍了 ISO 5457：1999 规定的 A 系列文件名义放大倍率。本标准有1个附录，附录A《A 系列文件的放大倍率和还原尺寸》为规范性附录，对应原件规格给出了名义缩小比率、名义放大倍率、还原尺寸的示例。

【修订情况】

代替 GB/T 15021—1994。与 GB/T 15021—1994 相比，本标准的主要变化如下：

——将 GB/T 15021—1994 的标准号改为 GB/T 17739.1，标准名称也做了相应修

改，并按照分部分的标准文本的表述方法对文本内容的表述进行统一，保持 GB/T 17739 标准的整体性；

  ——增加"4 生片"一章；

  ——删除 GB/T 15021－1994 的"7 质量要求"，增加"7 放大"。

GB/T 17739.2－2006　技术图样与技术文件缩微摄影 第 2 部分：35 mm 银-明胶型缩微品的质量准则与检验

【标　准　号】GB/T 17739.2－2006

【标准名称】技术图样与技术文件缩微摄影　第 2 部分：35 mm 银-明胶型缩微品的质量准则与检验

【采标情况】ISO 3272-2：1994，MOD

【发布时间】2006 年 8 月 23 日

【实施时间】2007 年 2 月 1 日

【起草单位】全国文献影像技术标准化技术委员会六分会、国家档案局档案科学技术研究所

【起　草　人】聂曼影、魏伶俐、张淑霞

【适用范围】

本标准为 GB/T 17739《技术图样与技术文件的缩微摄影》系列标准的第 2 部分，规定了用 35 mm 银-明胶型黑白缩微胶片拍摄技术图样和技术文件制成缩微品的质量要求和检验方法。本标准适用于各种技术图样及技术文件的第一代、第二代及发行用银-明胶型缩微品。

【主要内容】

本标准正文共包括 6 部分内容，分别是：范围，规范性引用文件，术语和定义，质量要求，可读性与解像力，测试标板。其中，质量要求部分主要对缩微胶片的报废、处理、缺陷、卷曲、保护层、背景密度及片基密度加灰雾密度等进行了系统说明。可读性与解像力部分规定了第一代、第二代和发行用缩微品的可读性（与解像力）要求。测试标板部分对测试标板的构成、布局和拍摄进行了详细规定。本标准有 4 个规范性附录。附录 A《背景密度测量》，对画幅的抽样、密度计和测量等内容进行了规定。附录 B《可读性与解像力测定》，对 1 号和 2 号测试图影像的检测方法进行了描述。附录 C《密度控制》，规定了胶片上影像区的最小密度的取值范围。附录 D《其他应拍摄测试标板的情况》，描述了为控制缩微影像质量而对测试标板进行拍摄的各种特殊情况。

【修订情况】

将 GB/T 8988－1988、GB/T 8989－1998、GB/T 8990－1988 三部分整合修订为本部分。整合情况如下：

——GB/T 8988－1988 作为本标准的 6.1 和 6.3；

——GB/T 8989－1998 作为本标准的主体，为第 1、2、3、4、5 章及附录 A、B、C；

——GB/T 8990－1988 作为本标准的 6.2.4 和附录 D。

GB/T 17739.3－2004　技术图样与技术文件的缩微摄影 第3部分：35 mm 缩微胶片开窗卡

【标　准　号】GB/T 17739.3－2004

【标准名称】技术图样与技术文件的缩微摄影　第3部分：35 mm 缩微胶片开窗卡

【采标情况】ISO 3272-3：2001，MOD

【发布时间】2004 年 3 月 15 日

【实施时间】2004 年 12 月 1 日

【起草单位】全国文献影像技术标准化技术委员会六分会

【起　草　人】吴筑清、肖云

【适用范围】

本标准为 GB/T 17739《技术图样与技术文件的缩微摄影》系列标准的第 3 部分，规定了数据处理型规定尺寸开窗卡的技术特征。这种开窗卡可以装缩微生胶片，也可以不装缩微生胶片。本标准适用于粘贴式开窗卡和封套式开窗卡，包括拍摄卡。本标准不适用于 A6 尺寸开窗卡。

【主要内容】

本标准正文共包括 4 部分内容，分别是：范围，规范性引用文件，术语和定义，开窗卡的物理特性。其中，术语和定义有 2 个，即正面和背面。开窗卡的物理特性部分有 4 项内容，主要是材料、窗孔特性、粘贴式开窗卡、封套式开窗卡，对卡片上矩形窗孔的尺寸和位置、粘贴式结构的粘胶带位置和尺寸、封套支持片的位置和尺寸给出了图示。本标准有 1 个附录，附录 A《开窗卡、角和颜色》为资料性附录，主要对角的形状与切角、颜色和色标进行了说明。

【修订情况】

无。

GB/T 17739.4－2008　技术图样与技术文件的缩微摄影 第4部分：特殊和超大尺寸图样的拍摄

【标 准 号】GB/T 17739.4－2008

【标准名称】技术图样与技术文件的缩微摄影　第4部分：特殊和超大尺寸图样的拍摄

【采标情况】ISO 3272-4：1994，IDT

【发布时间】2008 年 7 月 16 日

【实施时间】2009 年 1 月 1 日

【起草单位】全国文献影像技术标准化技术委员会六分会、国家档案局档案科学技术研究所

【起 草 人】聂曼影、魏伶俐、晏杰

【适用范围】

本标准为 GB/T 17739《技术图样与技术文件的缩微摄影》系列标准的第 4 部分，规定了分幅拍摄图样的顺序、缩小比率和画幅重叠等要求。本标准适用于 GB/T 14689 中给出的特殊和超大尺寸图样(参见附录 A)的拍摄。

【主要内容】

本标准正文包括 6 部分内容，分别是：范围，规范性引用文件，术语和定义，用一个画幅拍摄，分幅拍摄，非标准尺寸图样。其中，分幅拍摄部分主要有对中标记、原件在拍摄稿台上的定位、缩小比率 1：30、缩小比率 1：15、分幅标识 5 个方面的内容。非标准尺寸图样部分应按能容纳下全部图样的最小标准尺寸处理。本标准有 1 个附录，附录 A《超大图纸尺寸系列》为资料性附录，表 A.1 给出了 14 个图纸幅面和 14 个尺寸数据。

【修订情况】

代替 GB/T 17739－1999。与 GB/T 17739－1999 相比，本标准的主要变化如下：

——将标准号改为 GB/T 17739.4，标准名称也做了相应修改，并按照分部分的标准文本的表述方法对文本内容的表述进行统一，保持 GB/T 17739 标准的整体性；

——规范性引用文件增加了 GB/T 6159.3－2003、GB/T 6159.4－2003、GB/T 6159.5－2000、GB/T 6159.6－2003、GB/T 6159.22－2000、GB/T 14689－1993、GB/T 17739.2－2006；

——规范性引用文件使用了相关国家标准的最新版本；

——"术语和定义"一章增加了 GB/T 6159.3－2003、GB/T 6159.4－2003、GB/T 6159.5－2000、GB/T 6159.6－2003、GB/T 6159.22－2000。

GB/T 17739.5－2006　技术图样与技术文件的缩微摄影
第5部分：开窗卡中缩微影像重氮复制的检验程序

【标　准　号】GB/T 17739.5－2006

【标准名称】技术图样与技术文件的缩微摄影　第5部分：开窗卡中缩微影像重氮复制的检验程序

【采标情况】ISO 3272-5：1999，MOD

【发布时间】2006年4月19日

【实施时间】2006年10月1日

【起草单位】全国文献影像技术标准化技术委员会六分会、国家档案局档案科学技术研究所

【起　草　人】聂曼影、魏伶俐、张淑霞

【适用范围】

本标准为 GB/T 17739《技术图样与技术文件的缩微摄影》系列标准的第5部分，规定了检验 A 级类重氮开窗卡拷贝机性能质量的测试标板的制作和使用要求，并规定了两种测试标板开窗卡，其中一种用于测定照明的均匀性，另一种用于测定解像力的损失。本标准适用于重氮开窗卡复制。

【主要内容】

本标准正文共包括6部分内容，分别是：范围，规范性引用文件，术语和定义，总则，测试开窗卡，测试程序。其中，测试开窗卡部分有照明均匀性测试开窗卡、解像力测试开窗卡2项内容。照明均匀性测试开窗卡和解像力测试开窗卡都主要包括材料、测试标板、测试标板的拍摄、质量方面的内容。测试程序部分包括均匀照明、解像力2项内容。均匀照明包括测试开窗卡的定位、最佳曝光量、评定方面的内容。

【修订情况】

无。

GB/T 17739.6−2012　技术图样与技术文件的缩微摄影第 6 部分：35 mm 缩微胶片放大系统的质量准则和控制

【标准　号】GB/T 17739.6−2012

【标准名称】技术图样与技术文件的缩微摄影　第 6 部分：35 mm 缩微胶片放大系统的质量准则和控制

【采标情况】ISO 3272-6：2000，MOD

【发布时间】2012 年 12 月 31 日

【实施时间】2013 年 6 月 1 日

【起草单位】全国文献影像技术标准化技术委员会六分会、国家档案局档案科学技术研究所

【起　草　人】聂曼影、魏伶俐

【适用范围】

本标准为 GB/T 17739《技术图样与技术文件的缩微摄影》系列标准的第 6 部分，规定了缩微胶片放大系统和放大复印件的最低可读性要求和放大质量的检验方法。本标准适用于技术图样和技术文件缩微胶片的放大复印。

【主要内容】

本标准正文共包括 5 部分内容，分别是：范围，规范性引用文件，术语和定义，放大倍率，可读性。其中，放大倍率部分主要对"所选取的放大倍率应使最大的放大复印件不超出卷式复印材料的宽度范围"进行了系统说明。可读性部分主要规定了制作的放大影像的可读性，要求应能分辨出不同放大倍率下的 ISO 1 号测试图字符值或 ISO 2 号测试图图样值。本标准有 1 个附录，附录 A《技术文件缩微品放大复印件的可读性》为资料性附录，给出了影响技术文件缩微品放大复印件的可读性的 5 个因素。

【修订情况】

代替 GB/T 17739.6−2002。与 GB/T 17739.6−2002 相比，本标准的主要变化如下：

——规范性引用文件中引用了相关国家标准的最新版本；增加了 GB/T 17739.1−2008；将 GB/T 14691−1993 移入参考文献（见第 2 章和参考文献）；

——删除了 GB/T 17739.6−2002 中"表 1 A 系列规格原件缩微品的放大倍率和复制尺寸（推荐值）"；

——修改了 GB/T 17739.6−2002 中"5　可读性"中的要求，将"宜能分辨表 1 中列出……"中的"宜"改为"应"；

——修改了 GB/T 17739.6−2002 中表 2 和表 3 列出的部分有误的放大倍率和缩率，并将表的编号分别改为表 1 和表 2。

GB/T 18358－2009　中小学教科书幅面尺寸及版面通用要求

【标　准　号】GB/T 18358－2009

【标准名称】中小学教科书幅面尺寸及版面通用要求

【采标情况】无

【发布时间】2009 年 9 月 30 日

【实施时间】2010 年 2 月 1 日

【起草单位】中国出版科学研究所、中央教育科学研究所、人民教育出版社、北京师范大学出版社

【起 草 人】魏玉山、蔡逊、蔡京生、沙晓青、马迎莺、刘颖丽、刘玉柱、蒋列平、郑军

【适用范围】

本标准规定了中小学教科书应采用的幅面尺寸及版面规格参数。本标准适用于普通中小学使用的各种教科书。中小学生使用的教学辅助用书可参照采用本标准。

【主要内容】

本标准正文共包括 4 部分内容，分别是：范围，规范性引用文件，术语和定义，幅面尺寸及版面要求。其中，幅面尺寸及版面要求部分主要对幅面尺寸、版面(包括版心、字体和字号、行数和字数)等指标进行了系统说明。本标准有 1 个附录，附录 A《非标准中小学教科书幅面尺寸及版面基本参数》为规范性附录，从成品规格、类别、版心规格、字号、每面行数、每行字数 6 个方面对非标准中小学教科书幅面尺寸及版面给出参考值。

【修订情况】

代替 GB/T 18358－2001。与 GB/T 18358－2001 相比，本标准的主要变化如下：

——充分考虑教科书版面设计的多样性，对分栏设计的版面提出了具体要求；

——对以图为主的教科书及艺术、音乐、美术、外语等学科的教科书，只要求版心尺寸符合规定，版面行数、字数不受限制；

——对义务教育小学阶段教科书汉字上加注拼音和理科教科书文字叙述中涉及的公式、符号高于单个字符，造成版面行距加大、行数减少的情况，增加了一定的灵活性。

GB/T 18405－2008 缩微摄影技术
ISO 字符和 ISO 1 号测试图的特征及其使用

【标 准 号】GB/T 18405－2008

【标准名称】缩微摄影技术 ISO 字符和 ISO 1 号测试图的特征及其使用

【采标情况】ISO 446：2004，IDT

【发布时间】2008 年 7 月 16 日

【实施时间】2009 年 1 月 1 日

【起草单位】全国文献影像技术标准化技术委员会一分会

【起 草 人】梁婷、王浩、李铭

【适用范围】

本标准规定了 ISO 黑白字符的特征与 ISO 1 号测试图的特征及其使用方法。本标准适用于给定缩微系统所生成的缩微影像的质量控制，以及使用该系统制作的缩微品的潜在可读性。

【主要内容】

本标准正文包括 6 部分内容，分别是：范围，规范性引用文件，术语和定义，ISO 字符的描述和使用，ISO 1 号测试图的制作，ISO 1 号测试图的使用方法。其中，ISO 1 号测试图的制作部分有 5 项内容，主要是底基、测试图布局、密度测量区、标识、ISO 1 号测试图的检定。其中，底基又间分为不透明底基和透明底基，测试图布局间分为字符组、ISO 字符的尺寸、反差、字符组的标识等内容。ISO 1 号测试图的使用方法部分有胶片的密度和可读性控制等内容。

【修订情况】

代替 GB/T 18405－2001。与 GB/T 18405－2001 相比，本标准的主要变化如下：

——用 ISO 5-2：2001、ISO 5-3：1995 和 ISO 5-4：1995 三个规范性引用文件代替 GB/T 11500－1989、GB/T 11501－1989 和 GB/T 12822－1991 三个规范性引用文件。

GB/T 18503－2008　缩微摄影技术
A6透明缩微平片　影像的排列

【标　准　号】GB/T 18503－2008

【标准名称】缩微摄影技术　A6透明缩微平片　影像的排列

【采标情况】ISO 9923：1994，MOD

【发布时间】2008年7月16日

【实施时间】2009年1月1日

【起草单位】全国文献影像技术标准化技术委员会第七分技术委员会

【起　草　人】张美芳、肖建萍、李伯富

【适用范围】

　　本标准规定了由源文件和COM系统制作的A6幅面透明缩微平片的特征，以保证信息的交换和缩微品的发行。本标准适用于均匀分格排列的49、98、270和420个画幅的缩微平片及单一画幅的缩微平片，根据使用的需要，缩微平片的影像可以是正像或负像。

【主要内容】

　　本标准正文包括10部分内容，分别是：范围，规范性引用文件，术语和定义，缩微平片的基本特征，49个和98个画幅格式（常用于源文件），270个和420个画幅格式（常用于COM），单一画幅格式（常用于地图或大幅面图样），处理和保存，缩微摄影质量的控制，密度。其中，缩微平片的基本特征部分主要对缩微平片的物理特征、标头、影像画幅的识别、裁切标记等问题进行规范。49个和98个画幅格式（常用于源文件）部分主要规定了尺寸与影像排列、底边和侧边的空白区、缩微影像布置和排列取向、缩率、技术标板、索引、缩微拍摄大幅面原件和图形符号等内容。本标准有3个资料性附录。附录A《其他均匀和非均匀分格的缩微平片》，对均匀分格和非均匀分格缩微平片的特征进行了详细说明。附录B《缩微平片尺寸特性的变化》，描述了处理、老化、温度和湿度引起的缩微平片尺寸特性，以及缩微平片网格的变化。附录C《关于计算机输出缩微平片的说明》给出了格式幻灯片设计和缩率的内容。

【修订情况】

　　代替GB/T 18503－2001。GB/T 18503－2001相比，本标准的主要变化如下：

　　——删除了GB/T 18503－2001的目录、前言和ISO前言；

　　——重新编写了本标准的前言；

　　——将GB/T 18503－2001的附录A、附录B和附录C由"提示的附录"改为"资料性附录"；

——更正 GB/T 18503—2001 中对 ISO 9923：1994 翻译不准确及错误处：将图 4 注中 297 mm 改为 279 mm；图 A. 4 注中 1：24 改为 1：20；图 A. 5 注中的 1：24 改为 1：42，297 mm 改为 279 mm；附录 B. 3 中纤维素酯片基将产生"0.002％的变化"改为"0.006％的变化"；

——补充了 GB/T 18503—2001 翻译 ISO 9923：1994 过程中遗漏处。如：附录 B. 3 中"聚酯片基胶片产生约 0.002％的变化"等。

GB/T 18730－2002 文献成像应用
在 35 mm 胶片上缩微拍摄非彩色地图

【标　准　号】GB/T 18730－2002

【标准名称】文献成像应用在 35 mm 胶片上缩微拍摄非彩色地图

【采标情况】ISO 12650：1999，MOD

【发布时间】2002 年 5 月 21 日

【实施时间】2002 年 12 月 1 日

【起草单位】全国文献影像技术标准化技术委员会六分会、国家档案局档案科学技术研究所

【起　草　人】吴筑清、李健、肖云

【适用范围】

本标准规定了缩微拍摄非彩色地图的特殊要求。本标准适用于 35 mm 卷式或开窗卡式缩微胶片。

【主要内容】

本标准正文包括 6 部分内容，分别是：范围，规范性引用文件，术语和定义，基本要求，缩微拍摄，测试标板。其中，基本要求部分对卷式缩微胶片、质量、开窗卡等内容给出规范。缩微拍摄部分对缩率和解像力给出规范要求，解像力要求缩微品的质量符合 1 号测试图 ISO 字符或 2 号测试图图样的要求。测试标板部分给出测试标板应有的 7 个特征，并附有测试标板样图。

【修订情况】

无。

GB/T 19110－2011 缩微摄影技术
检查轮转式缩微摄影机系统性能用的测试标板

【标　准　号】GB/T 19110－2011

【标准名称】缩微摄影技术　检查轮转式缩微摄影机系统性能用的测试标板

【采标情况】ISO 10594：2006，IDT

【发布时间】2011 年 7 月 29 日

【实施时间】2011 年 12 月 1 日

【起草单位】全国文献影像技术标准化技术委员会第一分会

【起　草　人】白雨龙、李铭

【适用范围】

　　本标准规定了一种测试标板和利用该标板检查 16 mm 轮转式缩微摄影机光学和机械性能的方法。本测试标板和方法适用于：评价缩微摄影机的性能（例如在购买之前确立初始参考）；验收测试（例如维修后确认达到购买时的技术指标）；例行检查（例如周查或月查）。

　　【主要内容】

　　本标准正文包括 7 部分内容，分别是：范围，规范性引用文件，术语和定义，测试标板的描述，标板的缩微拍摄，评价方法，测试结果。其中，测试标板的描述部分包括基板的特性、测试标板布局、反差、标识的相关内容。标板的缩微拍摄部分包括曝光量的设定、送入、曝光次数等内容。评价方法部分主要有显微镜、机械性能、光学质量（解像力）、缩率、可读性测试的相关内容。本标准有 1 个附录，附录 A《转轮式缩微摄影机的特性》为资料性附录，对总则、胶片和文件的运动、原始文件的质量等进行描述。

　　【修订情况】

　　代替 GB/T 19110－2003。与 GB/T 19110－2003 相比，本标准的主要变化如下：

　　——将 GB/T 19110－2003 中测定基板反射率修改为测定基板不透明度（4.1）；

　　——增加了有关允许用反射率 85％的白纸代替测试标板用基板材料进行测试标板缩微影像背景密度测试的阐述（5.1）；

　　——增加了有关测试后务必将缩微摄影机重新设定在拍摄文件所用的正确曝光量挡位上的提示（5.1）；

　　——增加了有关日常制作没有必要拍摄 10 次测试标板的说明（5.3）。

GB/T 19474.1−2004 缩微摄影技术 图形COM记录仪的质量控制 第1部分：测试画面的特征

【标 准 号】GB/T 19474.1−2004

【标准名称】缩微摄影技术 图形 COM 记录仪的质量控制 第 1 部分：测试画面的特征

【采标情况】ISO 11928-1：2000，MOD

【发布时间】2004 年 3 月 15 日

【实施时间】2004 年 12 月 1 日

【起草单位】全国文献影像技术标准化技术委员会一分会

【起 草 人】钱毅、陈晶、刘丁君、刘培平

【适用范围】

本标准为 GB/T 19474−2004《缩微摄影技术 图形 COM 记录仪的质量控制》系列标准的第 1 部分，规定了测试画面的特征，用于评价图形 COM 记录仪产生的缩微品的图像质量。本标准适用于能够在黑白胶片上记录字符和图形的图形 COM 记录仪。

【主要内容】

本部分正文包括 4 部分内容，分别是：范围，规范性引用标准，术语和定义，测试画面。其中，测试画面部分包括检测画面尺寸、直线性和定位的测试画面，检测解像力、可读性和密度的测试画面，检测径向记录的测试画面，检测曲线的测试画面，检验字符显示和字符旋转的测试画面 5 方面的内容，并分别给出了对应的测试画面样本图。

【修订情况】

无。

GB/T 19474.2—2004　缩微摄影技术　图形 COM 记录仪的质量控制　第 2 部分：质量要求和控制

【标　准　号】GB/T 19474.2—2004

【标准名称】缩微摄影技术　图形 COM 记录仪的质量控制　第 2 部分：质量要求和控制

【采标情况】ISO 11928-2：2000，MOD

【发布时间】2004 年 3 月 15 日

【实施时间】2004 年 12 月 1 日

【起草单位】全国文献影像技术标准化技术委员会一分会

【起　草　人】钱毅、陈晶、刘丁君、刘培平

【适用范围】

本标准为 GB/T 19474—2004《缩微摄影技术　图形 COM 记录仪的质量控制》系列标准的第 2 部分，规定了利用 GB/T 19474.1—2004 中指定的测试画面检测图形 COM 记录仪生成的缩微品的图像质量。本标准适用于能够在黑白胶片上记录字符和图形的图形 COM 记录仪。

【主要内容】

本标准正文包括 5 部分内容，分别是：范围，规范性引用文件，术语和定义，评价，测试画面的使用方法。其中，评价部分主要介绍了应用图形 COM 记录仪对图形 COM 图像质量进行评价的过程和方法，主要通过测试幻灯片的方式进行。测试画面的使用方法部分主要介绍了尺寸、直线性和定位的检测，解像力、可读性和密度的检测，径向的检测，曲线的检测，字符显示和字符旋转的检测等内容，并给出了对应的测试画面样本图。本部分有 1 个附录，附录 A《线条密度》为资料性附录，主要介绍了获得 COM 生成图像的合理密度值方法。

【修订情况】

无。

GB/T 19475.1－2004 缩微摄影技术 开窗卡扫描仪制作影像质量的测量方法 第1部分：测试影像的特征

【标 准 号】GB/T 19475.1－2004

【标准名称】缩微摄影技术 开窗卡扫描仪制作影像质量的测量方法 第1部分：测试影像的特征

【采标情况】ISO 11698-1：2000，MOD

【发布时间】2004年3月15日

【实施时间】2004年12月1日

【起草单位】全国文献影像技术标准化技术委员会一分会

【起 草 人】张美芳、张乐园、崔佳佳、陈晶、刘培平

【适用范围】

本标准为 GB/T 19745－2004《缩微摄影技术 开窗卡扫描仪制作影像质量的测量方法》系列标准的第1部分，规定了用于评价或检测开窗卡扫描仪产生的电子影像质量的测试影像特征。

【主要内容】

本标准正文包括4部分内容，分别是：范围，规范性引用文件，术语和定义，测试影像规范。其中，测试影像规范部分主要对Ⅰ型测试影像、Ⅱ型测试影像、Ⅲ型测试影像、Ⅳ型测试影像、Ⅴ型测试影像、用户标板等内容进行了系统说明。本标准有1个附录，附录A《用户自定义测试标板》为资料性附录，对用户自己设计的测试影像Ⅵ型测试影像，以及它用于快速主观地评价扫描仪工作性能的典型特征进行了描述。

【修订情况】

无。

GB/T 19475.2—2004 缩微摄影技术 开窗卡扫描仪制作影像质量的测量方法 第2部分：质量要求和控制

【标 准 号】GB/T 19475.2—2004

【标准名称】缩微摄影技术 开窗卡扫描仪制作影像质量的测量方法 第2部分：质量要求和控制

【采标情况】ISO 11698-2：2000，MOD

【发布时间】2004年3月15日

【实施时间】2004年12月1日

【起草单位】全国文献影像技术标准化技术委员会一分会

【起 草 人】张美芳、崔佳佳、张乐园、陈晶、刘培平

【适用范围】

本标准为 GB/T 19745—2004《缩微摄影技术 开窗卡扫描仪制作影像质量的测量方法》系列标准的第2部分，规定了用 GB/T 19475.1—2004 所规定的测试影像进行开窗卡扫描仪制作影像质量的检测方法。

【主要内容】

本标准正文包括5部分内容，分别是：范围，规范性引用文件，术语和定义，使用方法，测试方法。其中，测试方法部分主要有聚焦、图像中心定位、影像定标、影像扫描范围、线条平直性、正交性、线宽均匀性、解像力、可分辨的线宽、字符可读性、主观评价11个方面的内容。本标准有2个资料性附录，即附录A《常规的主观评价》和附录B《影像质量控制》。

【修订情况】

无。

注：该标准于2017年12月15日废止。

GB/T 19476—2004　工程图样硬拷贝输出控制文件结构规范

【标 准 号】GB/T 19476—2004

【标准名称】工程图样硬拷贝输出控制文件结构规范

【采标情况】ISO 14985：1999，MOD

【发布时间】2004 年 3 月 15 日

【实施时间】2004 年 12 月 1 日

【起草单位】全国文献影像技术标准化技术委员会六分会

【起 草 人】吴筑清、肖云

【适用范围】

本标准规定了输出工程图样时电子图像控制文件的结构。本标准适用于不同类型的硬拷贝输出设备。由于不同设备根据其复杂程度和特定用途可以有不同的特性，所以本标准没有规定硬拷贝输出设备的最低要求。

【主要内容】

本标准正文包括 7 部分内容，分别是：范围，规范性引用文件，术语和定义，绘图控制文件的结构，字段标识组，多重选择项，成套图样。其中，绘图控制文件的结构部分主要对绘图控制文件的格式、一般要求、选项、变量的类型等做出了规范性说明。字段标识组部分主要对图像字段属性、图样输出属性、绘图笔属性、注解属性、介质属性及整理属性进行了描述。成套图样部分主要对成套图样中涉及的作业控制文件属性、绘图控制文件说明等进行了描述。本标准有 5 个资料性附录，包括附录 A《标准图像文件类型示例》、附录 B《缩微胶片图样开窗卡绘图控制文件标题示例》、附录 C《纸质图样绘图控制文件标题示例》、附录 D《作业控制文件示例》及附录 E《英汉用语对照表》。

【修订情况】

无。

GB/T 19523－2004　缩微摄影技术
16 mm 与 35 mm 缩微胶片防光片盘与片盘　技术规范

【标　准　号】GB/T 19523－2004

【标准名称】缩微摄影技术　16 mm 与 35 mm 缩微胶片防光片盘与片盘　技术规范

【采标情况】ISO 1116：1999，MOD

【发布时间】2004 年 5 月 31 日

【实施时间】2004 年 12 月 1 日

【起草单位】全国文献影像技术标准化技术委员会第四分委员会

【起　草　人】郭玉东、李铭

【适用范围】

本标准规定了 16 mm 和 35 mm 缩微胶片供片防光片盘和阅读器片盘的尺寸。本标准适用于 16 mm 和 35 mm 缩微胶片供片防光片盘和阅读器用片盘，不适用于作为组成缩微胶片记录或缩微胶片阅读设备使用的单轴片盒、双轴片盒或暗盒组成部分的防光片盘和片盘。

【主要内容】

本标准正文包括 4 部分内容，分别是：范围，规范性引用文件，术语和定义，技术规范。其中，技术规范部分主要对供片用防光片盘及阅读器用片盘两部分内容进行了规范，包括尺寸、容量、孔与键槽等细节。

【修订情况】

无。

GB/T 19688.1－2005 信息与文献 书目数据元目录
第1部分：互借应用

【标 准 号】GB/T 19688.1－2005

【标准名称】信息与文献 书目数据元目录 第1部分：互借应用

【采标情况】ISO 8459-1：1988，IDT

【发布时间】2005年3月23日

【实施时间】2005年10月1日

【起草单位】中国科学技术信息研究所

【起 草 人】练亚纯、李秀锦

【适用范围】

本标准为GB/T 19688《信息与文献 书目数据元目录》系列标准的第1部分。本标准规定与描述互借机构之间数据交换过程中所需的数据元。它也标识用于互借业务的消息及其数据元。本标准提供预印格式（具有专门的数据元名称作为标题）和自动交换过程两者用作通信的消息。它不涉及如何将数据元构成消息（messages）的问题。

【主要内容】

本标准正文包括7部分内容，分别是：范围，规范性引用文件，定义，目录，索引，结构次序，互借消息矩阵。其中，目录部分主要对用于支持互借业务的数据元和数据元组等内容进行了命名和定义。索引部分主要按汉语拼音字母顺序对款目进行了排列，并通过"参照"栏目给出了索引款目的标号或条款及可用的代码。结构次序部分主要对第4章中数据元和数据元组的结构表示法进行了描述。互借消息矩阵部分主要通过表格形式表示了每条消息中可使用的数据元，以及各个数据元的需求程度。本标准有3个附录。附录A《选择的数据元值》为规范性附录，为本标准中有限的数据元提供了代码和文本形式的数据值。附录B《应用实例》为资料性附录，给出了本部分的简单使用实例，包括手工互借委托单的设计、自动填单的应用、文本通信设备、GB/T 2901（ISO 2709）互借消息记录结构的实现、计算机对计算机通信用的斜体数据单元的定义、输入到数据自愈数据字典系统、书目等内容。附录NA《索引（按英文字母顺序排列）》为资料性附录，将本标准中的索引款目按英文字母顺序进行了排列。

【修订情况】

无。

GB/T 19688.2—2005 信息与文献 书目数据元目录
第 2 部分：采访应用

【标　准　号】GB/T 19688.2—2005

【标准名称】信息与文献 书目数据元目录 第 2 部分：采访应用

【采标情况】ISO 8459-2：1992，IDT

【发布时间】2005 年 3 月 23 日

【实施时间】2005 年 10 月 1 日

【起草单位】中国科学院文献情报中心

【起　草　人】朱献有、赵淑珍、陈定权、曾燕、赵琰、赵文忠

【适用范围】

本标准为 GB/T 19688《信息与文献 书目数据元目录》系列标准的第 2 部分，以目录形式描述了用于支持书目加工过程或应用的数据元，并提供数据元之间关系的说明及其使用实例。本标准规定和描述书目资料采访过程中机构之间数据交换所需的数据元，也标识用于采访过程的消息及其数据元。本标准用于两类消息，一类是用特定数据元名称作为标题的打印好的表格传送的消息，另一类是通过自动化信息交换过程传送的消息。本标准不包含怎样将数据元构造成为消息。

【主要内容】

本标准正文包括 7 部分内容，分别是：范围，规范性引用文件，定义，目录，索引，数据元的结构顺序，采访消息矩阵。其中，目录部分主要对用于支持采访事务的数据元和数据元组进行了命名和定义。索引部分主要按汉语拼音顺序列举了索引款目，并给出相对应的英文对照和参照。数据元的结构顺序部分主要为第 4 章所列的数据元和数据元组提供一种结构化表示方法。采访消息矩阵部分主要包含了特定数据元的采访消息，并且每一消息都有一个能标识它的名称和标记。本标准有 5 个附录。附录 A《可选的数据元值》为规范性附录，以代码和文本形式为标准中的部分数据元提供了实例数值。附录 B《连续出版物催询的补充值》为资料性附录，列出了可用于连续出版物采访的两个数据元（催询原因和催询应答）的一些其他值。附录 C《应用实例》为资料性附录，提供了部分使用样例，并对一些可能的应用做了说明。附录 D《与第 1 部分：互借应用的数据元映射》为资料性附录，须和 GB/T 19688.1—2005 一起使用，对两个部分公共的数据元、数据元组和数据元值做了标识。附录 NA《英汉对照索引》为资料性附录，为第 5 章的英汉对照索引。

【修订情况】

无。

GB/T 19688.3－2005 信息与文献 书目数据元目录
第3部分：情报检索

【标 准 号】GB/T 19688.3－2005

【标准名称】信息与文献 书目数据元目录 第3部分：情报检索

【采标情况】ISO 8459-3：1994，IDT

【发布时间】2005年3月23日

【实施时间】2005年10月1日

【起草单位】中国科学技术信息研究所

【起 草 人】王莉、郝春云

【适用范围】

本标准为 GB/T 19688《信息与文献 书目数据元目录》系列标准的第3部分，规定并描述了情报检索系统之间（即终端与计算机之间或计算机与计算机之间）进行数据交换所需要的数据元，也确定了情报检索事务中使用的信息及其数据元。本标准支持批式和会话式情报检索事务。如何构造数据元以支持情报检索应用则不属于本标准的范围。

【主要内容】

本标准正文包括7部分内容，分别是：范围，规范性引用文件，定义，目录，索引，数据元的结构顺序，情报检索信息矩阵。其中，目录部分主要对用于支持情报检索事务的数据元和数据元组等内容进行了命名和定义。索引部分主要按汉语拼音字母顺序对款目进行了排列，并通过"参照"栏目给出了索引款目的标记或条款以及可用的代码。数据元的结构顺序部分主要对第4章"目录"中数据元和数据元组的结构表示法进行了描述。情报检索信息矩阵部分主要通过表格形式表示了每条消息中可使用的数据元，以及各个数据元的需求程度。本标准有4个附录。附录A《可选的数据元值》为规范性附录，为本标准中有限的数据元提供了代码和文字型的值。附录B《本部分使用实例》为资料性附录，给出了本标准的简单使用实例，包括定题服务格式（SDI格式）、情报检索应用的用户界面设计、相关标准的补充、数据字典/数据目录的输入等内容。附录C《提示》为资料性附录，将每个数据元、数据元值和数据元组按其共有名称的字母顺序排列。附录NA《索引（按英文字母顺序排列）》为资料性附录，将本标准中的索引款目按英文字母顺序进行了排列。

【修订情况】

无。

GB/T 19688.4－2005　信息与文献　书目数据元目录
第4部分：流通应用

【标　准　号】GB/T 19688.4－2005

【标准名称】信息与文献　书目数据元目录　第4部分：流通应用

【采标情况】ISO 8459-4：1998，IDT

【发布时间】2005年3月23日

【实施时间】2005年10月1日

【起草单位】中国科学技术信息研究所

【起　草　人】郝春云、王莉、张志平

【适用范围】

本标准为GB/T 19688《信息与文献　书目数据元目录》系列标准的第4部分，规定和描述了在流通系统之间(即终端与计算机或计算机与计算机之间)交换数据时所需要的数据元，也确定了用于流通系统的消息及其数据元。本标准既支持批式流通事务，也支持交互式流通事务。如何把数据元构造成消息不属于本标准范围。

【主要内容】

本标准正文包括7部分内容，分别是：范围，规范性引用文件，定义，目录，索引，数据元结构序列，流通应用消息矩阵。其中，目录部分主要命名和定义了用于支持流通应用事务的数据元和数据元组，并用标记、名称、描述、表示法和注释四栏表示每一个数据元或数据元组的内容。索引部分主要规定了索引款目，并给出了索引款目的标记或附录号和可用的代码。数据元结构序列部分主要对数据元之间的关系进行了说明。流通应用消息矩阵部分主要包含了特定数据元素的消息，通过参与者之间的交换来支持流通处理和应用。本标准有4个资料性附录。附录A《选择的数据元值》，通过代码和文本形式提供本标准标识的有限数量的消息类型的值，这些值说明在流通应用中特殊数据元传递的信息。附录B《本部分如何使用的实例》，对手工流通形式的设计、流通应用的用户界面设计、相关标准的补充、输入到数据字典/数据目录等内容进行了描述。附录C《ISO 8459公共的数据元、数据元组和数据元值》，需要同GB/T 19688.1～19688.3联合使用，用以帮助履行全部协议的用户，并对所有部分的公共数据元、数据元组和数据元值做了标识。附录NA《索引(按英文字母排序)》，为便于使用提供了中英文索引。

【修订情况】

无。

GB/T 19688.5－2009 信息与文献 书目数据元目录 第5部分：编目和元数据交换用数据元

【标 准 号】GB/T 19688.5－2009

【标准名称】信息与文献 书目数据元目录 第5部分：编目和元数据交换用数据元

【采标情况】ISO 8459-5：2002，IDT

【发布时间】2009年3月13日

【实施时间】2009年9月1日

【起草单位】中国科学技术信息研究所、中国医学科学院信息研究所

【起 草 人】王莉、张志平、李秀锦、梁冰、吕世炅、白海燕

【适用范围】

本标准为GB/T 19688《信息与文献 书目数据元目录》系列标准的第5部分，规定和描述了在编目系统之间（即终端与计算机或计算机与计算机之间）交换数据时所需要的数据元，也确定了编目系统中使用的消息及其数据元。本标准既支持批式编目事务，也支持交互式编目事务。如何把数据元构造成消息不属于本标准的范围。

【主要内容】

本标准正文包括7部分内容，分别是：范围，规范性引用文件，术语和定义，目录，索引，数据元结构序列，编目应用消息矩阵。其中，目录部分主要命名和定义了用于支持编目事务使用的数据元和数据元组，并用标记、名称、描述、表示法和注释四栏表示每个数据元或数据元组的内容。索引部分主要按汉语拼音顺序对款目进行了排列，并通过"参照"一列给出索引款目的标记或附录号和可用的代码。数据元结构序列部分主要对第4章"目录"中列出的数据元和数据元组的结构化表示进行了描述。编目应用消息矩阵部分主要通过表格形式表示了每条消息中可使用的数据元，以及各个数据元的需求程度。本标准有4个附录。附录A《选择的数据元值》为规范性附录，为本标准中有限数量的数据元提供了代码和文本形式的值。附录B《本部分可使用的实例》为资料性附录，给出了本标准的简单使用实例，包括手工编目形式设计、编目应用的用户界面设计、相关标准的补充、数据字典/数据目录的输入。附录C《本标准五部分的关系》为资料性附录，分别以中文名称的汉语拼音排序方式和按英文名称的字母顺序排列的方式给出了本标准五部分之间的关系。附录NA《英文索引》为资料性附录，将本标准中的索引款目按英文名称字母顺序进行了排列。

【修订情况】

无。

GB/T 19689－2005　信息与文献　交互式文本检索命令集

【标　准　号】GB/T 19689－2005

【标准名称】信息与文献　交互式文本检索命令集

【采标情况】ISO 8777：1993，IDT

【发布时间】2005 年 3 月 23 日

【实施时间】2005 年 10 月 1 日

【起草单位】中国化工信息中心

【起　草　人】蔡志勇、晋超

【适用范围】

本标准规定了对检索系统数据进行交互式检索的基本命令集和系统预期做出的响应类型。本标准供信息检索系统的设计者和用户使用，信息检索系统包括计算机化的图书馆目录和数据库访问与查找的工具。本标准并不限制其他类型的用户与系统之间的交互，如菜单式、自然语言界面或采用非标准命令语言。

【主要内容】

本标准正文包括 17 部分内容，分别是：范围，规范性引用文件，术语和定义，一般原则，命令名，用户帮助，翻页，数据库选择：BASE，检索式：FIND，索引扫描：SCAN，叙词表扫描：RELATE，输出命令：SHOW、PRINT，保存和调用检索策略，删除：DELETE，用户定义功能：DEFINE，中断：（未指定命令名），结束会话：STOP。其中，一般原则部分主要对本标准的实施、一致性、命令结构、命令名、命令表达式的组成和格式、字符编码、字符、分隔符等进行了系统说明。检索式：FIND部分主要规定了检索语句、复原符、字符屏蔽、操作符、限定符等内容。本标准有 3 个资料性附录。附录 A《命令名、操作符、缩写和符号一览表》用表格给出标准词、缩写词及其功能的一一对应关系。附录 B《常用字段标记》给出用于信息检索的常用字段标记及其含义。附录 C《实例》，使用附录 B 中的字段标记，对用户帮助、翻页等做了实例说明。

【修订情况】

无。

GB/T 19729－2005　电子成像　数字数据光盘存储数据验证用介质错误监测与报告技术

【标　准　号】GB/T 19729－2005

【标准名称】电子成像　数字数据光盘存储数据验证用介质错误监测与报告技术

【采标情况】ISO 12142：2001，IDT

【发布时间】2005 年 4 月 19 日

【实施时间】2005 年 10 月 1 日

【起草单位】全国文献影像技术标准化技术委员会第五分委会

【起　草　人】程真、李铭

【适用范围】

　　本标准规定了用于验证数字数据光盘存储数据的介质错误监测和报告的两种命令集，还规定了两种介质错误监测与报告级别。本标准适用于可重写和只读光盘介质，部分信息可能对 CD-ROM 子系统有用，但该技术的实施不在本标准的范围之内。

　【主要内容】

　　本标准正文包括 8 部分内容，分别是：范围，规范性引用文件，术语和定义，要求，约定，介质错误监测技术能力，高端技术，SCSI-2 级别技术。其中，要求部分规定了基本级和扩展级两个级别的一致性，同时规定要求的一致性条款应说明在系统级接口和设备级上应用基本级或扩展级的一致性。约定部分主要说明了本标准遵从 ISO/IEC 9316：1995 中 4.2 的约定。介质错误监测技术能力部分主要有空扇区开销、超过介质错误水平的修正等内容。高端技术部分为验证数字数据光盘存储数据提供高端（一组功能命令集）介质错误监测和报告技术。SCSI-2 级别技术部分提供了一组经选择的 SCSI-2 命令集的使用。命令集主要包括格式化单元命令、日志选择命令、日志自检命令、模式选择命令、模式自检命令、读缺陷数据命令、读全长命令、请求自检命令、验证命令、写与验证命令，以及光盘设备参数等内容。本标准有 4 个资料性附录。附录 A《用于早期警告的验证介质错误水平和用于扇区弃用的介质错误水平的建议》，主要提供了两个扇区弃用方针的实例。附录 B《数字数据光盘数据存储验证用介质错误监测和报告技术指南》，主要介绍了各类介质错误监测工具、决定测试内容的方法、分析由遵从本标准的光盘子系统或设备提供的介质错误报告或类似介质错误报告的方法等内容。附录 C《修改的吉尔伯特模型》，给出了按照错误字节描述突发错误的修改的吉尔伯特模型。附录 D《均匀、随机错误分布》，描述了用户如何使用介质错误监测与报告技术所报告的信息，以获得每扇区错误字节的分布情况和扇区中每编码字中最大错误字节数的分布情况。

【修订情况】

无。

注：该标准于 2017 年 12 月 15 日废止。

GB/T 19730－2005　缩微摄影技术
期刊的缩微拍摄　操作程序

【标 准 号】GB/T 19730－2005

【标准名称】缩微摄影技术　期刊的缩微拍摄　操作程序

【采标情况】ISO 11906：1999，MOD

【发布时间】2005 年 4 月 19 日

【实施时间】2005 年 10 月 1 日

【起草单位】国家图书馆全国图书馆文献缩微复制中心、全国文献影像技术标准化技术委员会第四分技术委员会

【起 草 人】孙静荣、李健、李铭

【适用范围】

　　本标准规定了在图书馆及其他文献服务部门为保存和发行而缩微拍摄印刷期刊的一般原则。它包括对标板的要求，以确保正确地著录和保证缩微品符合存档缩微拍摄的相关标准。本标准适用于 16 mm 或 35 mm 卷式、条式以及 A6 规格平片的银-明胶型缩微品，包括第一代缩微品、中间片和发行拷贝。

　　【主要内容】

　　本标准正文包括 15 部分内容，分别是：范围，规范性引用文件，术语和定义，缩微生胶片，胶片厚度，影像排列与缩率，拍摄要求，标板，已曝光胶片的处理，质量，第一代缩微品的补拍与接合，中间片，发行拷贝，储存，容器标签。其中，影像排列与缩率部分主要对影像排列、文本的接续、缩率等内容进行了说明。拍摄要求部分对透显处理、拍摄区域、缩微胶片上文字排列方向的确定、编辑标板、图形符号及拍摄的时间顺序等给出规范要求。标板部分主要对识别与著录文字、文字、日期、标板的顺序与内容、附加标板(仅用于卷式胶片)等内容进行了规范。

　　【修订情况】

　　无。

GB/T 19731—2005 盒式光盘(ODC)装运包装以及光盘标签上的信息

【标　准　号】GB/T 19731—2005

【标准名称】盒式光盘(ODC)装运包装以及光盘标签上的信息

【采标情况】ISO 10922：2000，IDT

【发布时间】2005 年 4 月 19 日

【实施时间】2005 年 10 月 1 日

【起草单位】全国文献影像技术标准化技术委员会第五分委员会

【起　草　人】朱岩、王芊

【适用范围】

本标准规定了要求厂家或供应商印刷在盒式光盘装运包装不同部位的信息，以及印刷在盒式光盘印刷区域内的信息；规定了由厂家、供应商或用户印刷在盒式光盘标签上的信息；规定了印刷在装运包装不同部位上的附加信息，或包含在装运包装中的附加信息。本标准适用于所有尺寸和类型的可写光盘(OD)，包括一次写入多次读出光盘(WORM)，可写、只读和部分只读光盘，不适用于压缩光盘(CD)媒体。

【主要内容】

本标准正文包括 5 部分内容，分别是：范围，规范性引用文件，术语和定义，有关盒式光盘装运包装与盒式光盘印刷区域的信息，标签、材料与有关盒式光盘标签区的信息。其中，有关盒式光盘装运包装与盒式光盘印刷区域的信息部分主要对盒式光盘装运包装和盒式光盘印刷区域等进行了系统说明。标签、材料与有关盒式光盘标签区的信息部分主要规定了标签位置，标签标志，标签厚度，用户标识，以及初始化、验证与格式化等内容。本标准有 3 个附录。附录 A《有关盒式光盘装运包装信息、盒式光盘印刷区域与盒式光盘标签的样例和格式》为规范性附录，对样例形式和包含内容逐一进行了描述。附录 B《盒式光盘装运包装和盒式光盘印刷区域的附加信息》为资料性附录，对产品或目录编号、其他条目进行了描述。附录 C《在盒式光盘装运包装和盒式光盘标签上的机读代码》为资料性附录，规定此条形码可由该厂家、供应商或用户印刷在盒式光盘装运包装或者盒式光盘标签上。

【修订情况】

无。

注：该标准于 2017 年 12 月 15 日废止。

GB/T 19732－2005　缩微摄影技术
透明缩微品阅读器　性能特征

【标　准　号】GB/T 19732－2005

【标准名称】缩微摄影技术　透明缩微品阅读器　性能特征

【采标情况】ISO 6198：1993，MOD

【发布时间】2005 年 4 月 19 日

【实施时间】2005 年 10 月 1 日

【起草单位】全国文献影像技术标准化技术委员会第三分委员会

【起　草　人】刘巧平、董建伟、李铭

【适用范围】

本标准规定了放大倍率不超过 50：1、胶片宽度不超过 35 mm 的黑白缩微卷片和条片的阅读器的基本性能特征。本标准还规定了适合缩微平片、封套片和影像卡的阅读器的基本性能特征。本标准适用于使用 16 mm、35 mm、缩微平片、封套片和影像卡的阅读器。本标准不适用于阅读复印机和袖珍阅读器。

【主要内容】

本标准正文包括 6 部分内容，分别是：范围，规范性引用文件，术语和定义，可测特性参数，其他性能要求，可选性能。其中，可测特性参数部分包括放大倍率、影像质量、屏幕亮度与对比度、安全性能、噪声 5 部分内容。其他性能要求部分有影像操作、光学性能、卷片阅读器中胶片受损的危险、安全性能、控制器、标志、维护保养、操作者手册 8 个方面的内容。可选性能部分包括放大倍率、影像旋转、屏幕亮度控制、遮光罩、缩微胶片的反向运行、灯泡和熔断器、阅读器的保护 7 个方面的内容。本标准有 1 个附录。附录 A《屏幕照度——现场测量方法》为资料性附录，指出按 GB/T 19733－2005 所述方法测得的屏幕照度，其最低值宜为 100 lx，照度最大值与最小值之差宜不超过最大值的 25％。用这种测量结果来比较不同类型的阅读器是不可靠的，尤其对屏幕照明系数或屏幕反射率不同的阅读器更是如此。

【修订情况】

无。

GB/T 19733—2005　缩微摄影技术
透明缩微品阅读器　特性的测量

【标　准　号】GB/T 19733—2005

【标准名称】缩微摄影技术　透明缩微品阅读器　特性的测量

【采标情况】ISO 7565：1993，MOD

【发布时间】2005 年 4 月 19 日

【实施时间】2005 年 10 月 1 日

【起草单位】全国文献影像技术标准化技术委员会第三分委员会

【起 草 人】宫岩、董建伟、李铭

【适用范围】

本标准规定了测量透明缩微品阅读器性能特征所使用的方法与仪器。本标准适用于阅读器放大倍率、解像力、畸变、屏幕亮度、屏幕对比度和片门温度的测量。

【主要内容】

本标准正文包括 9 部分内容，分别是：范围，规范性引用文件，术语和定义，放大倍率，解像力，几何畸变，屏幕亮度，屏幕对比度，片门温度的测量。其中，放大倍率部分主要对仪器设备和程序进行规范。解像力部分对测试图、放大镜及相应程序给出要求。几何畸变部分给出畸变检测所用检测片和程序要求，并对曲线畸变和两种几何畸变的判断和表示给出要求。屏幕亮度部分主要介绍了测量屏幕亮度的一般条件及测量程序。屏幕对比度部分介绍了测量环境照度和屏幕亮度的仪器及相应程序等。片门温度的测量部分主要介绍了测量的仪器设备和相应程序。本标准有 2 个资料性附录。附录 A《亮度测量的重要性》，主要包含对屏幕特性、屏幕的观察及屏幕漫射特性的评价等内容。附录 B《使用照度计的现场测量法》，主要介绍了现场测量法的适用范围及使用方法。

【修订情况】

无。

GB/T 19734—2005 缩微摄影技术
透明缩微品阅读复印机 特性

【标 准 号】GB/T 19734—2005

【标准名称】缩微摄影技术 透明缩微品阅读复印机 特性

【采标情况】ISO 10197：1993，MOD

【发布时间】2005 年 4 月 19 日

【实施时间】2005 年 10 月 1 日

【起草单位】全国文献影像技术标准化技术委员会第三分委员会

【起 草 人】梁婷、董建伟、李铭

【适用范围】

本标准规定了用于阅读透明缩微品并由之制作硬拷贝的阅读复印机的特性。透明缩微品包括缩微平片、封套片、影像卡和最大宽度为 35 mm 的条片、盘装卷片。本标准适用于放大倍率小于或等于 50：1 的阅读复印机。本标准不适用于制作彩色或其他特殊类型复印件的特殊阅读复印机，也不适用于放大复印机。

【主要内容】

本标准正文包括 5 部分内容，分别是：范围，规范性引用文件，术语和定义，阅读部分的性能特征，复印部分的性能特征。其中，阅读部分的性能特征中对阅读复印机阅读部分应有的性能特征，如放大倍率、影像质量、屏幕亮度与对比度、缩微品适应性、调焦、控制器方面的内容给出规范，配有屏幕影像和硬拷贝应能阅读的 1 号微型测试图的最小 ISO 字符(缩小1：20)、屏幕影像和硬拷贝应能分辨的 2 号微型测试图的最小图样 2 个表格。复印部分的性能特征部分规范了纸的要求、控制器、影像质量、温度、安全性、噪声 6 个方面的内容。

【修订情况】

无。

GB/T 19735－2005 缩微摄影技术
16 mm 缩微胶片轮转式摄影机 机械与光学特性

【标　准　号】GB/T 19735－2005

【标准名称】缩微摄影技术　16 mm 缩微胶片轮转式摄影机　机械与光学特性

【采标情况】ISO 10198：1994，MOD

【发布时间】2005 年 4 月 19 日

【实施时间】2005 年 10 月 1 日

【起草单位】全国文献影像技术标准化技术委员会第三分委员会

【起　草　人】白雨龙、董建伟、李铭

【适用范围】

本标准规定了 16 mm 缩微胶片轮转式摄影机的机械与光学特性。本标准适用于使用 16 mm 缩微胶片拍摄的轮转式摄影机。

【主要内容】

本标准正文包括 13 部分内容，分别是：范围，规范性引用文件，术语和定义，操作要求，机械特性，光学特性，替换部件，环境条件，电源，电气安全，控制器，标识符号，操作手册。其中，操作要求部分对摄影机影像排列的方式、所能拍摄文件的最大宽度、胶片的允许厚度等进行了规范。机械特性部分主要规定了胶片和文件的同步、文件的定位、文件的供送、文件的保护等内容。本标准有 1 个附录。附录 A《近似幅画》为资料性附录，对在不同缩率下，以不同方式（单行式、双形式或往复式）拍摄不带光点或者带单边光点或双边光点的画幅近似尺寸或纸张近似尺寸进行了描述。

【修订情况】

无。

GB/Z 19736－2005 电子成像 文件图像压缩方法选择指南

【标 准 号】GB/Z 19736－2005

【标准名称】电子成像 文件图像压缩方法选择指南

【采标情况】ISO/TS 12033：2001，IDT

【发布时间】2005 年 4 月 19 日

【实施时间】2005 年 10 月 1 日

【起草单位】全国文献影像技术标准化技术委员会第五分委员会

【起 草 人】李铭、董建伟、王坤

【适用范围】

本指导性技术文件为用户或电子影像管理（EIM）系统集成者提供了信息，以使他们能够对商业文件数字图像压缩方法的选择做出决策。其目的在于提供信息，用以分析文件的类型以及对于特定的文件采用何种压缩方法最适宜，以便实现文件的存储与使用的最佳化。本指导性技术文件仅适于位映射模式的静态图像。它仅考虑了基于良好测试过的数学计算的压缩算法。

【主要内容】

本指导性技术文件正文包括 8 部分内容，分别是：范围，规范性引用文件，术语和定义，总则，文件的类型与数字化参数，压缩方法与标准，压缩参数的选择，结论。其中，总则部分指出，压缩方法与压缩参数的选择在很大程度上是由文件的特性决定的，同时，文件的图形内容本身对于数字化处理是重要的。总则部分还以图片形式表达了各种因素与压缩方法的相互作用。文件的类型与数字化参数部分主要介绍了文件的分类与数字化方面的内容。压缩方法与标准部分对 RLE 压缩、LZW 压缩、ITU-T 算法、JBIG 压缩、JPEG 压缩、分形压缩和小波压缩等方法进行了说明。压缩参数的选择部分主要介绍了合理压缩的选择情况，以及如何选择最适合汇集中各种类型文件的压缩方法。结论部分指出，ITU-T G3 与 G4 以及 JPEG 是当前使用最为频繁的方法。

【修订情况】

无。

GB/Z 19737－2005　缩微摄影技术
银-明胶型缩微品变质迹象的检查

【标　准　号】GB/Z 19737－2005

【标准名称】缩微摄影技术　银-明胶型缩微品变质迹象的检查

【采标情况】ISO/TR 12031：2000，IDT

【发布时间】2005 年 4 月 19 日

【实施时间】2005 年 10 月 1 日

【起草单位】全国文献影像技术标准化技术委员会第二分会

【起　草　人】黎三羊、孙跃军、李铭、黄亚非

【适用范围】

本指导性技术文件适用于所有形态的银-明胶型缩微品，包括卷片、影像卡、封套片和缩微片。它描述了查明和监测变质现象所需的设备和方法。这些信息有助于判明问题的性质和程度，并最终将为可能需要的补救措施提供坚实的基础。

【主要内容】

本指导性技术文件正文包括 10 部分内容，分别是：范围，规范性引用文件，术语和定义，检查环境，设备与耗材，抽样方法，检查，检查报告，缺陷的类型，补救措施。其中，检查环境部分主要对检查缩微品的房间或场所提出了相应要求。设备与耗材部分主要对放大镜、显微镜、单向光源等涉及的检查设备进行了说明，并提出检查设备在检查过程中应不损伤胶片。抽样方法部分主要介绍了如何划分检查组以进行抽样，为整组或整批样品提供具有代表性的数据。检查部分介绍了所有缩微品的检查方法、检查内容，以及卷片、封套片和影像卡的附加检查。检查报告部分主要介绍了检查报告中包含的胶片等级划分、数据收集概述、组或汇集的历史与描述、各个缩微品的检查报告、数据分析等内容。缺陷的类型部分主要介绍了一些常见类型的缺陷，如微生物滋生、氧化微斑、残留的化学药品等。补救措施部分则介绍了发现上述缺陷时的补救方法。本指导性技术文件包含 3 个资料性附录。附录 A《片基类型的确定》，给出了快速识别大多数感光胶片是安全片基还是硝酸片基的现场测试方法。附录 B《影像变质的因素》，介绍了档案缩微品变质的可能引发原因。附录 C《各种类型缺陷的示例》，给出了常见类型缺陷的示例图。

【修订情况】

无。

GB/T 20163－2006　中国档案机读目录格式

【标　准　号】GB/T 20163－2006

【标准名称】中国档案机读目录格式

【采标情况】无

【发布时间】2006 年 3 月 15 日

【实施时间】2006 年 10 月 1 日

【起草单位】上海市档案局、南京政治学院上海分院

【起　草　人】张正强、邹伟农、段荣婷、严雪林、卞刚、常建宏、张文友、张大伟

【适用范围】

本标准规定了与国际和国家相关标准互相兼容的档案计算机机读目录格式。本标准适用于档案目录数据库的建立和档案目录数据的处理与交换。

【主要内容】

本标准正文包括 7 部分内容，分别是：范围，规范性引用文件，术语和定义，总则，记录结构，记录头标和数据字段——基本说明，记录头标和数据字段——字段描述。其中，总则部分对字段描述和符号规范等内容进行了系统说明。记录结构部分规定了档案机读目录的框架结构、记录头标、记录目次区、变长字段、必备字段、记录长度、记录连接、字符集、数据重复、记录块功能等内容。记录头标和数据字段——基本说明部分主要对字段、子字段、字符的使用和顺序进行了规范。记录头标和数据字段——字段描述部分首先规范了记录头标的记录长度、记录状态、记录级别等内容，并对各数据字段的定义、出现情况、指示符、子字段等内容逐一规范。本标准有 2 个附录。附录 A《中国档案机读目录格式数据格式样例》为规范性附录，对记录交换形式和记录字段形式各给出一例。附录 B《中国档案机读目录格式数据字段实例》为资料性附录，对记录头标和各个数据字段进行了举例说明。

【修订情况】

无。

GB/T 20225.1—2017 电子文档管理 词汇
第1部分：电子文档成像

【标 准 号】GB/T 20225.1—2017

【标准名称】电子文档管理 词汇 第1部分：电子文档成像

【采标情况】ISO 12651—1：2012，IDT

【发布时间】2017年5月12日

【实施时间】2017年12月1日

【起草单位】中国人民大学数据工程与知识工程教育部重点实验室

【起 草 人】张美芳、娄文婷、周杰、吴秀云、王新阳、陈敏

【适用范围】

本标准是GB/T 20225《电子文档管理 词汇》系列标准的第1部分。本部分旨在方便电子文件管理领域内的交流和术语的翻译。本部分通篇所用的"电子文档管理"是作为输入技术(扫描、索引、光学字符识别、格式、数字生成等)、管理技术(文档服务、工作流及其他工作管理工具)以及存储(主要是光学存储或磁储存)技术的通用术语。

【主要内容】

本标准正文包括4部分内容，分别是：范围，规范性引用文件，原则及惯例，术语和定义。其中，原则及惯例部分对定义、组成及条目管理和拼写给出了依据。术语和定义部分规范了电子文档管理中146个通用的术语及其定义表述。为了方便标准的使用，本标准附有各术语的汉语拼音索引和英文对应词索引。

【修订情况】

代替GB/T 20225—2006。与GB/T 20225—2006相比，本标准的主要变化如下：

——在规范性应用文件中将2项标准移至参考文献中：

• GB/T 2659—2000 世界各国和地区名称代码(eqv ISO 3166—1：1997)；

• GB/T 15237.1—2000 术语工作 词汇 第1部分：理论与应用(eqv ISO 1087—1：2000)。

——在规范性引用文件中新增加3项标准：

• ISO/IEC 10918—4 信息技术 连续色调静态图像的数字压缩及编码：JPEG轮廓、SPIFF轮廓、SPIFF标签、SPIFF颜色、APP标记、SPIFF压缩类型和登记机构(REGAUT)扩充的登记；

• ISO/IEC 11544 信息技术 图片和声音信息的编码表示 递增二值图像压缩；

• ISO 18901 成像材料 已加工银明胶型黑白胶片 稳定性规范。

——增加术语，由原来的85条增加至现在的146条。

——修改GB/T 20225—2006中多条术语的定义。

GB/T 20226.1－2006　缩微摄影技术　缩微胶片 A6 尺寸封套 第 1 部分：16 mm 缩微胶片用五片道封套

【标　准　号】GB/T 20226.1－2006

【标准名称】缩微摄影技术　缩微胶片 A6 尺寸封套　第 1 部分：16 mm 缩微胶片用五片道封套

【采标情况】ISO 8127-1：1989，MOD

【发布时间】2006 年 4 月 19 日

【实施时间】2006 年 10 月 1 日

【起草单位】全国文献影像技术标准化技术委员会第四分技术委员会(SAC/TC 86/SC4)

【起　草　人】郭玉东、孙静荣、李东霞

【适用范围】

本标准为 GB/T 20226《缩微摄影技术　缩微胶片 A6 尺寸封套》系列标准的第 1 部分。本标准规定了用于 16 mm 缩微胶片的五片道封套的特征。本标准适用于 16 mm 缩微胶片用五片道封套的制作。

【主要内容】

本标准正文包括 5 部分内容，分别是：范围，规范性引用文件，术语和定义，物理特性，测试方法。其中，物理特性部分主要对封套尺寸、片道安排、片道宽度、插口、封套定位孔(任选)等物理特性进行了规范性说明。测试方法部分对翘曲或弯曲，以及封套材料的光学透明度给出要求。

【修订情况】

无。

GB/T 20226.2—2006 缩微摄影技术 缩微胶片 A6 尺寸封套 第 2 部分：16 mm 和 35 mm 缩微胶片用其他类型封套

【标 准 号】GB/T 20226.2—2006

【标准名称】缩微摄影技术 缩微胶片 A6 尺寸封套 第 2 部分：16 mm 和 35 mm 缩微胶片用其他类型封套

【采标情况】ISO 8127-2：1999，MOD

【发布时间】2006 年 4 月 19 日

【实施时间】2006 年 10 月 1 日

【起草单位】全国文献影像技术标准化技术委员会第四分技术委员会（SAC/TC 86/SC 4）

【起 草 人】孙静荣、郭玉东

【适用范围】

本标准为 GB/T 20226《缩微摄影技术 缩微胶片 A6 尺寸封套》系列标准的第 2 部分。本标准规定了 16 mm 缩微胶片用的四片道封套的特征、35 mm 缩微胶片用的二片道封套的特征、一条 35 mm 和两条 16 mm 片道封套的特征以及两条 35 mm 和一条 16 mm 片道封套的特征。本标准适用于 16 mm 和 35 mm 缩微胶片用不同类型封套的制作。

【主要内容】

本标准正文包括 5 部分内容，分别是：范围，规范性引用文件，术语和定义，物理特性，测试方法。其中，物理特性部分主要对封套尺寸、片道安排、片道宽度、插口、封套定位孔（任选）等物理特性进行了规范性说明。测试方法部分对翘曲或弯曲、封套材料的光学透明度给出要求。本标准有 1 个附录，附录 A《不同类型封套的装片》为资料性附录，对 4 型和 5 型寺套的装片的使用进行了说明。

【修订情况】

无。

GB/Z 20227—2006 缩微摄影技术
缩微记录的清除、删除、校正或修正

【标 准 号】GB/Z 20227—2006

【标准名称】缩微摄影技术 缩微记录的清除、删除、校正或修正

【采标情况】ISO/TR 12036：2000，MOD

【发布时间】2006 年 4 月 19 日

【实施时间】无

【起草单位】全国文献影像技术标准化技术委员会七分会

【起 草 人】张美芳、刘丁君

【适用范围】

本指导性技术文件规定了从缩微品中去除信息所用的技术。如果遵循这些技术规范，将能够充分地满足用户清除要求。本指导性技术文件适用于：当接收到清除文件指示令时，对缩微品影像的清除及销毁工作；当文件要求对具体信息进行删除、校正或修正时，可对影像内容进行修订。本指导性技术文件中的技术为影像的剔除或修订以及为确保文件的完整性建立了适当的方法。

【主要内容】

本指导性技术文件正文包括 8 部分内容，分别是：范围，规范性引用文件，术语和定义，文件完整性，清除方法，删除、校正和修正程序，索引，复制片。其中，文件完整性部分主要对已修改的缩微品如何保持文件的完整性及寿命进行了详细说明。清除方法部分主要规定了当依照指示令清除文件的一幅或若干幅影像时，宜遵循的程序。删除、校正和修正程序部分分别对 16 mm 和 35 mm 银-明胶型卷片、缩微封套片、缩微平片、TEP 胶片、光导热塑胶片及其他胶片的删除、校正和修正程序及方法进行了系统描述。索引部分主要规定了文件索引的缩拍、重拍，以及将清除文件的所有相关记录从原缩拍的索引中清除。复制片部分主要对经过清除、删除、校正或修正的原始缩微品的拷贝、替代或更改进行了明确规定。本标准有 1 个附录，附录 A《清除、删除、校正或修正的说明》为资料性附录，要求对被清除、删除、校正或修正的信息用一张表格替代。表格内容包括发布指示令的权威机构的名称、权威机构的地址、指示令发布负责人的姓名和职务、指示令发布的日期等。

【修订情况】

无。

GB/T 20232－2006 缩微摄影技术
条码在开窗卡上的使用规则

【标　准　号】GB/T 20232－2006

【标准名称】缩微摄影技术　条码在开窗卡上的使用规则

【采标情况】ISO 12656：2001，MOD

【发布时间】2006 年 4 月 21 日

【实施时间】2006 年 10 月 1 日

【起草单位】全国文献影像技术标准化技术委员会缩微摄影技术应用分技术委员会

【起　草　人】黄志文、毛谦

【适用范围】

本标准规定了在符合 GB/T 17739.3－2004 要求的开窗卡上编码的类型、尺寸和位置。本标准适用于 OCR 字符、条码、霍尔内斯码和印刷霍尔内斯码，不适用于压缩条码。

【主要内容】

本标准正文包括 4 部分内容，分别是：范围，规范性引用文件，术语和定义，代码。其中，代码部分首先对条码使用总则给出说明，并分别对 OCR 字符、条码、霍尔内斯码等进行了系统说明。本标准有 1 个附录，附录 A《印刷霍尔内斯码》为规范性附录，对印刷霍尔内斯码的矩形黑块位置、最大可用字符数、规定行数及列位置等内容进行了详细规范。

【修订情况】

无。

GB/T 20233－2006　缩微摄影技术　A6 尺寸开窗卡

【标　准　号】GB/T 20233－2006

【标准名称】缩微摄影技术　A6 尺寸开窗卡

【采标情况】ISO 10549：2000，MOD

【发布时间】2006 年 4 月 21 日

【实施时间】2006 年 10 月 1 日

【起草单位】全国文献影像技术标准化技术委员会四分会

【起　草　人】张阳、杨杰华

【适用范围】

本标准规定了 A6 尺寸开窗卡的物理特征，该卡用于管理、贮存和交流缩微胶片上的信息。本标准还规定了用于制作开窗卡原材料的特征及相应的测试方式。本标准适用于使用不透明和半透明的粘贴式或封套式的偶数代和奇数代的开窗卡，含有一幅根据 ISO 3272-1：2003、ISO 3272-2 和 GB/T 16573－1996 拍摄的 35 mm 缩微胶片。

【主要内容】

本标准正文包括 11 部分内容，分别是：范围，规范性引用文件，术语和定义，卡片的物理特征，粘贴式开窗卡的特征，封套式开窗卡的特征，窗孔的位置，色标，复制片，存储，适用于不透明或者半透明卡片的纸张要求和测试方法。其中，卡片的物理特征部分对纹理、卡片的尺寸、厚度、卡片的边、最佳的角形、尺寸的检测、缺陷等进行了系统规范。适用于不透明或者半透明卡片的纸张要求和测试方法部分规定了测试的调整和空气环境、不透明开窗卡及半透明开窗卡的要求、黏度测试和粘连测试的内容。本标准有 1 个附录，附录 A《透明胶片卡》为资料性附录，对透明胶片卡的总体特征、材料、卡片的尺寸和处理办法进行了详细描述。

【修订情况】

无。

GB/T 20493.1－2006 电子成像
办公文件黑白扫描用测试标板 第1部分：特性

【标 准 号】GB/T 20493.1－2006

【标准名称】电子成像 办公文件黑白扫描用测试标板 第1部分：特性

【采标情况】ISO 12653-1：2000，IDT

【发布时间】2006年8月23日

【实施时间】2007年2月1日

【起草单位】全国文献影像技术标准化技术委员会第一分委员会

【起 草 人】梁婷、董建伟、李铭

【适用范围】

本标准为 GB/T 20493《电子成像 办公文件黑白扫描用测试标板》系列标准的第1部分。本标准规定了用于评价电子影像管理系统用平台式或滚筒式黑白反射扫描器性能质量在其使用期间一致性的测试标板的特性。本标准适用于评价黑白或彩色办公文件(无论其有否半色调或彩色)用黑白扫描器的输出质量。本标准不适用于彩色扫描器或扫描透明或半透明文件用的扫描器。

【主要内容】

本标准正文包括4部分内容，分别是：范围，规范性引用文件，术语和定义，测试标板。其中，测试标板部分主要包括测试元素的描述、底基、双面式扫描器用测试标板等内容。

【修订情况】

无。

GB/T 20493.2－2006 电子成像
办公文件黑白扫描用测试标板 第2部分：使用方法

【标　准　号】GB/T 20493.2－2006

【标准名称】电子成像　办公文件黑白扫描用测试标板　第2部分：使用方法

【采标情况】ISO 12653-2：2000，IDT

【发布时间】2006年8月23日

【实施时间】2007年2月1日

【起草单位】全国文献影像技术标准化技术委员会第一分委员会

【起　草　人】梁婷、董建伟、李铭

【适用范围】

本标准为 GB/T 20493《电子成像　办公文件黑白扫描用测试标板》系列标准的第2部分。本标准规定了用 GB/T 20493.1－2006 所规定的标板以及其他标板对办公文件黑白反射扫描输出质量在其使用期间的前后一致性进行评价的测试方法。本标准适用于评价黑白或彩色办公文件(无论其是否具有半色调或彩色)用黑白扫描器扫描的输出质量。本标准不适用于彩色扫描器或扫描透明或半透明文件用的扫描器。

【主要内容】

本标准正文包括8部分内容，分别是：范围，规范性引用文件，术语和定义，方法，程序，对测试结果的评价，方法，加附标板。其中，"4　方法"部分主要介绍了评价黑白扫描器输出质量的方法。程序部分主要对测试的程序进行了说明，包括系统初始设定、影像增强与压缩技术的使用、扫描测试标板、内部测试系统、频度等内容。"7　方法"部分主要给出了测试元素的清单及其描述，并给出了测试号1至测试号13的说明表。加附标板部分主要介绍了两种在测试程序中可包括的其他测试标板，分别是连续色调测试标板和 RIT 三色版油墨色域图。

【修订情况】

无。

GB/T 20494.1－2006 缩微摄影技术 使用单一内显示系统生成影像的 COM 记录器的质量控制 第 1 部分：软件测试标板的特性

【标 准 号】GB/T 20494.1－2006

【标准名称】缩微摄影技术 使用单一内显示系统生成影像的 COM 记录器的质量控制 第 1 部分：软件测试标板的特性

【采标情况】ISO 14648-1：2001，IDT

【发布时间】2006 年 8 月 23 日

【实施时间】2007 年 2 月 1 日

【起草单位】全国文献影像技术标准化技术委员会第一分委员会

【起 草 人】李铭、张斌、寇瑞清

【适用范围】

本标准为 GB/T 20494《缩微摄影技术 使用单一内显示系统生成影像的 COM 记录器的质量控制》系列标准的第 1 部分。本标准规定了用电子方法生成并将用于可接受电子表格的 COM 记录系统的软件测试标板的特性。标板的各组分可用于检验或测试 COM 记录器的某些功能，以便使影像质量能够得到评价或维持。

【主要内容】

本标准正文共包括 4 部分内容，分别是：范围，规范性引用文件，术语和定义，测试标板。其中，测试标板部分规定了两种测试标板，并对点跨距、栅格结构、边界、测试图、密度测量区、斜线、COM 字符可读性区、替代字型区、测量比例尺及标题区等内容进行了系统说明。

【修订情况】

无。

GB/T 20494.2－2006　缩微摄影技术　使用单一内显示系统生成影像的 COM 记录器的质量控制第 2 部分：使用方法

【标　准　号】GB/T 20494.2－2006

【标准名称】缩微摄影技术　使用单一内显示系统生成影像的 COM 记录器的质量控制　第 2 部分：使用方法

【采标情况】ISO 14648-2：2001，IDT

【发布时间】2006 年 8 月 23 日

【实施时间】2007 年 2 月 1 日

【起草单位】全国文献影像技术标准化技术委员会第一分委员会

【起　草　人】李铭、张斌、寇瑞清

【适用范围】

本标准为 GB/T 20494《缩微摄影技术　使用单一内显示系统生成影像的 COM 记录器的质量控制》系列标准的第 2 部分。本标准规定了 GB/T 20494.1－2006 所规定的软件测试标板的使用方法。

【主要内容】

本标准正文包括 7 部分内容，分别是：范围，规范性引用文件，术语和定义，方法的概述，测试程序，第一代缩微品的密度，测试方法。其中，测试程序部分主要是对 COM 记录器影像质量参数的确定，从 COM 系统的装置、测试栅格、确定最佳曝光量等 9 个方面进行了系统说明。第一代缩微品的密度部分按照密度测试区和密度值 2 种方法对影像进行密度测量，给出了用具有 ISO 5-3 所规定的光谱条件和 ISO 5-2 所规定的几何条件的密度计所测得的漫透射视觉密度，即 M 状态蓝密度的推荐值。测试方法部分共有 2 种测试方法，分别是安装与维护测试，以及常规检测。其中，安装与维护测试有设备装置与测试、选择最佳设定、缩微品的生成、记录数据 4 个步骤。常规检测有生成缩微品、质量结果的比较、调整或维护 3 个步骤。

【修订情况】

无。

GB/Z 20495－2006　电子成像　成功实施电子影像管理涉及的人及组织的问题

【标　准　号】GB/Z 20495－2006

【标准名称】电子成像　成功实施电子影像管理涉及的人及组织的问题

【采标情况】ISO/TR 14105：2001，IDT

【发布时间】2006 年 8 月 23 日

【实施时间】无

【起草单位】全国文献影像技术标准化技术委员会第五分委员会

【起　草　人】李明敬、黄亚非

【适用范围】

本指导性技术文件为理解和最大限度地发挥与成功实施电子影像管理（EIM）系统有关的人性因素提供了一种框架。

【主要内容】

本标准正文包括 8 部分内容，分别是：范围，规范性引用文件，术语和定义，可用性及人体工程学界面，工作场所的人体工程学，电子影像管理系统的表单设计，成功实施 EIM 的建议，结论。其中，可用性及人体工程学界面部分为评价电子影像系统的用户界面的人体工程学提供了一个基本框架，主要包括终端用户分析及可用性、选择电子影像系统的人体工程学标准及软件可用性清单等内容。工作场所的人体工程学部分全面地论述了系统的硬件标准和工作站布局的环境推荐，同时对考虑物理工作场所及相关的人体工程学提供指导。电子影像管理系统的表单设计部分主要设计表单时要考虑的各类要素以及设计的流程。成功实施 EIM 的建议部分主要说明了系统的成功实施取决于如何预测、计划和创造性地解决问题等，可通过建立一个用户参与的机制来支持战略规划、组织评估和调整管理活动，并介绍了这一机制涉及的各个要素和方面，例如，参与和整合，策略规划：组织调整策略，调整管理程序等。结论部分指出，利用基于用户参与的战略规划、组织评估和调整管理来增强项目规划，电子影像管理的承诺就可以变成现实。

【修订情况】

无。

GB/Z 20648－2006　电子成像
擦除记录在一次写入光学介质上的信息的推荐方法

【标　准　号】GB/Z 20648－2006

【标准名称】电子成像　擦除记录在一次写入光学介质上的信息的推荐方法

【采标情况】ISO/TR 12037：1998，MOD

【发布时间】2006 年 12 月 5 日

【实施时间】无

【起草单位】全国文献影像技术标准化技术委员会七分会

【起　草　人】陈林荣、任旭钧、傅伟华

【适用范围】

本指导性技术文件规定了信息的擦除和在擦除过程中所宜采取的文件记载程序。遵循本指导性技术文件所提出的建议，可确保擦除执行的一致性。本指导性技术文件适用于根据法院或行政机关的命令，将记录在一次写入光学介质上的信息擦除的方法。

【主要内容】

本指导性技术文件正文包括 6 部分内容，分别是：范围，规范性引用文件，术语和定义，关于文件完整性的建议，索引，拷贝。其中，关于文件完整性的建议部分主要有法院命令和变更通知的捕获、影像的物理删除、光盘的重写、文件记载 4 个方面的内容。本标准有 2 个资料性附录。附录 A《变更通知（示例）》，描述一次写入介质上被清除和销毁的信息的变更通知样例。附录 B《对法官的说明》，描述对一次写入光学介质上的信息保护在诉讼过程中的重要性。

【修订情况】

无。

GB/Z 20649－2006 电子成像 在 WORM 光盘上记录证据文件的电子记录系统的推荐管理方法

【标 准 号】GB/Z 20649－2006

【标准名称】电子成像 在 WORM 光盘上记录证据文件的电子记录系统的推荐管理方法

【采标情况】ISO/TR 12654：1997，IDT

【发布时间】2006 年 12 月 5 日

【实施时间】无

【起草单位】全国文献影像技术标准化技术委员会七分会

【起 草 人】钱毅、刘培平

【适用范围】

本指导性技术文件提出了在制定捕获和存储文件电子影像的规程时所应遵循的建议，这些建议将确保文件上所记录信息的保存性及完整性。本指导性技术文件适用于一次写入多次读出(WORM)介质(CD-ROM)来存储文件电子影像的光学存储系统。它不适用于影像捕获后可以擦除或更改的系统。

【主要内容】

本指导性技术文件正文包括 5 部分内容，分别是：范围，规范性引用文件，制定规程，一般性建议，法律状况。其中，制定规程部分主要有原则、规程、证明书、服务公司 4 个方面的内容。一般性建议部分主要有文件的准备、参照与检索、影像的损坏、备份、WORM 光盘、盘的维护、安全措施、存储与检查、具有存档价值的文件 9 个方面的内容。

【修订情况】

无。

GB/Z 20650－2006　缩微摄影技术　缩微品的法律认可性

【标　准　号】GB/Z 20650－2006

【标准名称】缩微摄影技术　缩微品的法律认可性

【采标情况】ISO/TR 10200：1990，MOD

【发布时间】2006 年 12 月 5 日

【实施时间】无

【起草单位】全国文献影像技术标准化技术委员会七分会

【起　草　人】耿志东、邓昌军、张美芳、李伯富

【适用范围】

为保证缩微品信息具有完整性、长期保存性和法律认可性，本指导性技术文件提出了缩微摄影所应遵循的程序和建议，阐述了制作缩微品副本所例行的证明手续，并提出了确保缩微影像质量合格的要求。本指导性技术文件适用于各种缩微品，包括卷式缩微品、缩微平片、封套片、开窗卡和计算机输出的缩微品。计算机输出的缩微品，只要缩微影像质量符合要求，便与计算机生成的其他信息具有同样的作用。

【主要内容】

本指导性技术文件正文包括 6 部分内容，分别是：范围，规范性引用文件，术语和定义，确立程序，一般性建议，法律地位。其中，确立程序部分对缩微品作为证据代替纸质原件的原则、缩微品制作的书面工作规划、证明文件及缩微品制作机构进行了规范性说明。一般性建议部分针对原件的准备、编制索引、拍摄、胶片、质量检测和控制等流程给出了相应建议。本指导性技术文件有 2 个资料性附录。附录 A《缩微品在各国的法律地位》，对缩微品在巴西、加拿大、法国等国家的法律地位情况进行了说明。附录 B《拍摄标板示例》，对档案缩微品制作批准书、缩微拍摄档案原件证明书等标板给出了相应示例。

【修订情况】

无。

GB/T 21373－2008 知识产权文献与信息 分类及代码

【标 准 号】GB/T 21373－2008

【标准名称】知识产权文献与信息 分类及代码

【采标情况】无

【发布时间】2008 年 1 月 14 日

【实施时间】2008 年 6 月 1 日

【起草单位】国家知识产权局

【起 草 人】王强、王玲、章璠、曹玲玲、马利霞、李昭、张鹏、杨红菊、王一民、方克

【适用范围】

本标准规定了知识产权文献与信息的分类体系及代码。本标准适用于知识产权文献与信息的分类和标引，不适用于专利文献、商标公报的分类。

【主要内容】

本标准正文包括 6 部分内容，分别是：范围，规范性引用文件，术语和定义，分类结构，编码方法，分类表。其中，分类结构部分明确了知识产权文献与信息分类体系由基本大类表、主表、复分表和类目注释组成。编码方法部分分别对主表类目代码、复分表代码表示的方式进行了说明。分类表部分主要列举了基本大类表、主表、复分表的类目名称及类目注释。

【修订情况】

无。

GB/T 21374－2008 知识产权文献与信息 基本词汇

【标 准 号】GB/T 21374－2008

【标准名称】知识产权文献与信息 基本词汇

【采标情况】无

【发布时间】2008 年 1 月 14 日

【实施时间】2008 年 6 月 1 日

【起草单位】国家知识产权局

【起 草 人】王强、章璠、王玲、曹玲玲、李昭、朱瑾、张鹏、杨红菊、王一民、韩晓春、方克

【适用范围】

本标准规定了知识产权文献与信息领域中经常使用的术语。本标准适用于知识产权文献与信息相关领域。

【主要内容】

本标准正文共包括 3 部分内容，分别是：范围，规范性引用文件，术语和定义。其中，术语和定义部分主要按照从一般性术语到各领域专门术语的顺序排列，依次为一般性术语、专利术语、商标术语、著作权术语。每个分部的术语则分别按照概念的逻辑关系和发生时序进行排序。本标准有 2 个索引，即《中文索引》和《英文索引》。

【修订情况】

无。

GB/T 21712－2008　古籍修复技术规范与质量要求

【标　准　号】GB/T 21712－2008

【标准名称】古籍修复技术规范与质量要求

【采标情况】无

【发布时间】2008 年 4 月 23 日

【实施时间】2008 年 7 月 1 日

【起草单位】国家图书馆

【起　草　人】杜伟生、张平

【适用范围】

　　本标准规定了古籍修复基本术语及其定义、技术规范及质量要求。本标准适用于古籍修复行业并供出版、教学、科研及国内外相关技术业务交往使用。

【主要内容】

　　本标准正文包括 6 部分内容，分别是：范围，术语和定义，工艺流程，工艺要求，检验，质量等级。其中，工艺流程部分对 29 种古籍修复工艺给出了规范说明。工艺要求部分对 16 项工艺操作提出规范要求。检验部分从检验条件、检验形式、检验工具和检验方法 4 方面给出要求。质量等级部分将修复质量分为优秀、良好、合格、不合格 4 个等级。

【修订情况】

　　无。

GB/T 22466－2008　索引编制规则(总则)

【标　准　号】GB/T 22466－2008

【标准名称】索引编制规则(总则)

【采标情况】ISO 999：1996，NEQ

【发布时间】2008 年 11 月 3 日

【实施时间】2009 年 4 月 1 日

【起草单位】中国索引学会、南京农业大学、华东师范大学、复旦大学

【起　草　人】侯汉清、黄秀文、温国强、印永清、秦邦廉、张贤俭、王梅、吴佩娟、何绍华、郭劲赤、张敏、仇琛

【适用范围】

本标准规定了各种类型文献索引的编制规则，为各种类型索引的编制提供通用的一般规则和说明性的规定。本标准适用于任何类型文献的索引，包括人工编制和计算机编制的各种类型的索引。

【主要内容】

本标准正文包括 11 部分内容，分别是：范围，规范性引用文件，术语和定义，索引的功用，索引的类型，索引的编制，索引款目及其编制，参照系统，索引款目排序，索引的形式，质量管理。其中，索引的类型部分按不同划分标准划分为不同类型，例如，按索引在文献检索中的功用分，按索引的标目分，按索引的编排和组织方式分，按索引发表和出版方式分，以及按索引的载体分。索引的编制部分主要对索引的学科范围、索引的文献范围和载体、索引规模、索引项与索引单元等内容进行了系统说明。索引款目及其编制部分对索引标目的选择、索引标目和副标目的形式、索引标目和副标目的用法、专有名词的标目选择和形式、索引出处等内容进行规范，并给出了示例。

【修订情况】

无。

GB/T 23269－2009 信息与文献 开放系统互连馆际互借应用服务定义

【标 准 号】GB/T 23269－2009

【标准名称】信息与文献 开放系统互连 馆际互借应用服务定义

【采标情况】ISO 10160：1997，IDT

【发布时间】2009 年 3 月 13 日

【实施时间】2009 年 9 月 1 日

【起草单位】北京大学图书馆

【起 草 人】朱强、廖三三、卢振波、吴跃、李浩凌、张红扬、沈芸芸

【适用范围】

本标准是由 GB/T 9387 定义的开放系统互连框架中的应用层标准。本标准定义了馆际互借服务。把馆际互借(ILL)协议与支持远程通信的服务结合起来使用，即可提供馆际互借服务。支持远程通信的服务可以是存储转发报文服务(如面向文本的交换系统标准、GB/T 16284.4 等提供的服务)，或者是使用 GB/T 15695 和 GB/T 16688 的直接连接式服务。

本标准并不对个别的应用或产品加以说明，也不强制在单个计算机系统内进行实体与界面的实施。本标准意在由图书馆、联合目录中心等公用信息机构，以及其他处理文献信息的系统来使用。

【主要内容】

本标准正文包括 8 部分内容，分别是：范围，规范性引用文件，术语和定义，缩写词，约定，服务模型，服务定义，原语顺序。其中，服务模型部分主要对服务用户和服务提供者、馆际互借事务、馆际互借事务类型和拓扑结构，以及馆际互借事务状态等进行了系统说明。服务定义部分主要规定了服务特征、具体方法和注释、馆际互借服务等内容。本标准有 2 个资料性附录。附录 A《时间顺序图》，用于说明交互序列是如何在时间上相关的。附录 B《馆际互借服务和文献传递》，描述了电子文件的请求、电子传递，以及传递过程中出现的错误和破损报告。

【修订情况】

无。

GB/T 23270.1—2009　信息与文献　开放系统互连 馆际互借应用协议规范　第1部分：协议说明书

【标　准　号】 GB/T 23270.1—2009

【标准名称】 信息与文献　开放系统互连　馆际互借应用协议规范　第1部分：协议说明书

【采标情况】 ISO 10161-1：1997，IDT

【发布时间】 2009 年 3 月 13 日

【实施时间】 2009 年 9 月 1 日

【起草单位】 中国科学技术信息研究所、中国化工信息中心

【起　草　人】 郝春云、朱晓华、蔡志勇、王盛发、孙伯庆、揭玉斌

【适用范围】

本标准为 GB/T 23270《信息与文献　开放系统互连　馆际互借应用协议规范》系列标准的第 1 部分。本标准定义了馆际互借应用服务元协议，描述了一个系统要加入馆际互借服务必须遵循的行为规范；提供了加入馆际互借业务的双方或多方各自的行为规则。本标准旨在供图书馆、联合编目中心等信息机构和其他书目信息处理系统使用。

【主要内容】

本标准正文包括 10 部分内容，分别是：范围，规范性引用文件，术语和定义，缩略语，协议概述，馆际互借应用协议数据单元(ILL APDU)，事务信息，过程元，抽象语法，一致性。其中，协议概述部分主要对本标准提供的服务类型和模型等进行了系统说明。馆际互借应用协议数据单元(ILL APDU)部分主要列出了馆际互借应用中使用的 APDU，并描述了这些 APDU 的用法和意义。事务信息部分给出了馆际互借系统必须为每个馆际互借事务维护的信息，并逐一进行了详细描述，包括事务标识符、协议状态、协议变量、期满终止定时器、请求信息、历史信息。过程元部分提出单个馆际互借事务中请求方、应答方、中介各自所需采取的行动，以及各方应遵守的过程规则。本标准有 7 个附录。附录 A《馆际互借状态表》为规范性附录，分别按请求方、应答方和中介列出了状态表。附录 B《传输语法》为规范性附录，定义了采用 EDIFACT 对 ILL APDU 进行编码的规则。附录 C《标准的本部分指定的对象标识符和注册要求》为规范性附录，依据 GB/T 17969.1 规定的程序，指定了对象标识符和注册要求。附录 D《ILL EXTERNAL 数据类型定义的注册程序》为规范性附录，阐述了注册 ILL EXTERNAL 数据类型的条件、定义的应用范围及领域、参照形式等内容。附录 E《ILL 外部数据类型定义注册实体的实例》为资料性附录，给出了注册实体名称、主办者、提交日、注册日、抽象语法定义等内容的实例。附录 F《支持服务的使用》为资料性附录，确定了两种

从协议到特定支持服务的映射，即"存储-与-转发映射"和"联接-模式映射"。附录 G《外部文献传递服务的调用》为资料性附录，列举了几种基于 OSI 和非 OSI 协议的可能的传递服务。

【修订情况】

无。

GB/T 23270.2—2009 信息与文献 开放系统互连 馆际互借 应用协议规范 第2部分：协议实施一致性声明(PICS)条文

【标 准 号】GB/T 23270.2—2009

【标准名称】信息与文献 开放系统互连 馆际互借应用协议规范 第2部分：协议实施一致性声明(PICS)条文

【采标情况】ISO 10161-2：1997，IDT

【发布时间】2009年3月13日

【实施时间】2009年9月1日

【起草单位】中国科学技术信息研究所、中国化工信息中心

【起 草 人】白海燕、姚长青、蔡志勇、王盛发、孙伯庆、揭玉斌

【适用范围】

本标准为 GB/T 23270《信息与文献 开放系统互连 馆际互借应用协议规范》系列标准的第2部分。本标准依照有关要求以及 ISO/IEC 9646-2 给出的与 PICS 条文有关的指南，规定了 GB/T 23270.1 中指定的馆际互借协议的 PICS 条文。凡声明与 GB/T 23270.1 保持一致的实施者，都应完成这一条文，并将其作为一致性要求的一部分。

【主要内容】

本标准正文包括9部分内容，分别是：范围，规范性引用文件，术语和定义，缩略语，内容布局，一致性，预定义符号，PICS 编号，PICS 的完备化。其中，内容布局部分包含了表明与 GB/T 23270.1 保持一致的实施者所要填写的实际条文，具体内容在附录 A 中列出。预定义符号部分主要介绍了为了缩小条文中的表格尺寸，引入的'D'列、'I'列和'参照、用法或取值范围'列符号的定义。PICS 编号和 PICS 的完备化部分则分别描述了 PICS 条文的编号及特别标识信息的情况。本标准有1个附录，附录 A《协议实施一致性声明(PICS)馆际互借协议条文》为规范性附录，以表格的形式对 PICS 馆际互借协议条文的实施细则、一致性总体声明、GB/T 23270.1 细则、应用上下文名称、支持的职能、支持的馆际互借服务类型、支持的事务类型、语法、馆际互借应用服务、对 APDU 参数的支持、通用参数、"选择"类型参数、"列举"类型参数13项内容进行了规范化说明。

【修订情况】

无。

GB/Z 23283－2009 基于文件的电子信息的长期保存

【标　准　号】GB/Z 23283－2009

【标准名称】基于文件的电子信息的长期保存

【采标情况】ISO/TR 18492：2005，IDT

【发布时间】2009 年 3 月 13 日

【实施时间】无

【起草单位】全国文献影像技术标准化技术委员会七分会

【起　草　人】张美芳、孙静荣、李婧、姜志伟

【适用范围】

当基于文件的电子信息的保存期超过产生和维护信息所使用的技术（硬件和软件）的预期寿命时，为长期保存和检索真实的基于文件的电子信息，本指导性技术文件提供了实用的、方法性的指南。

本指导性技术文件考虑了中立的信息技术标准在信息长期利用中的作用。本指导性技术文件没有涵盖真实的基于文件的电子信息的产生、获取和分类的全过程。本指导性技术文件适用于由信息系统产生的作为业务活动凭证的所有形式的信息。

【主要内容】

本指导性技术文件正文包括 7 部分内容，分别是：范围，规范性引用文件，术语和定义，代号与缩略语，长期保存，长期保存策略的要素，制定长期保存策略。其中，长期保存部分指出制定和应用长期保存及检索真实基于文件的电子信息的明确策略是非常必要的，并明确了保存机构制定保存策略时宜考虑的六项关键要素。长期保存策略的要素部分主要包括介质更新、元数据及迁移基于文件的电子信息等内容。制定长期保存策略部分主要对长期保存政策包含的基本要素给出了相应建议，同时对质量控制和安全等方面向保存机构给出了具体做法和安全措施。本指导性技术文件有 1 个附录，附录 A《一些国家电子文件项目及其他选择性的出版物》为资料性附录，主要介绍了与 ISO/TR 18492 中采用的国家标准相关的国家电子文件保护项目和与这份技术报告相关的政府出版物、其他相关出版物等的来源指南。

【修订情况】

无。

GB/T 23284－2009 缩微摄影技术
16 mm 和 35 mm 卷式缩微胶片使用的影像标记（光点）

【标　准　号】GB/T 23284－2009

【标准名称】缩微摄影技术　16 mm 和 35 mm 卷式缩微胶片使用的影像标记（光点）

【采标情况】ISO 11962：2002，IDT

【发布时间】2009 年 3 月 13 日

【实施时间】2009 年 9 月 1 日

【起草单位】全国文献影像技术标准化技术委员会第 4 分技术委员会

【起　草　人】张阳、郭玉东

【适用范围】

本标准规定了记录在 16 mm 和 35 mm 缩微胶片上用于影像标记检索系统的单一尺寸影像标记和大、中、小影像标记的位置、大小和密度。本标准适用于支持检索系统的 16 mm 和 35 mm 的缩微胶片。

【主要内容】

本标准正文包括 8 部分内容，分别是：范围，规范性引用文件，术语和定义，影像标记位置，影像标记的尺寸，密度，缩微胶片控制代码，符号。其中，影像标记位置部分主要对影像标记的排列方法和影像标记的位置、间距等进行了系统规范。影像标记的尺寸部分规定了影像标记的类型、长度、高度、影像标记的位置内容。密度部分列出了影像标记密度和背景密度的数值。缩微胶片控制代码部分对代码极性、代码密度和代码通道，开始代码，停止代码，数据代码进行了规范。符号部分主要规定了使用符合和符号影像的位置。

【修订情况】

无。

GB/T 23285－2009 缩微摄影技术
开窗卡增厚区厚度的测量方法

【标 准 号】GB/T 23285－2009

【标准名称】缩微摄影技术 开窗卡增厚区厚度的测量方法

【采标情况】ISO 6342：2003，IDT

【发布时间】2009 年 3 月 13 日

【实施时间】2009 年 9 月 1 日

【起草单位】全国文献影像技术标准化技术委员会四分会

【起 草 人】黄志文、杨杰华

【适用范围】

本标准规定了开窗卡(拍摄卡和拷贝卡)增厚区厚度的测量方法。本标准适用于各类开窗卡增厚区厚度的测量。

【主要内容】

本标准正文包括 6 部分内容，分别是：范围，规范性引用文件，术语和定义，仪器，调整和测试环境，测量。其中，仪器部分指出测量仪器宜是电动或手动型的静负载刻度盘千分尺，并给出了千分尺的性能参数。测量部分从总则、开窗卡厚度、增厚区厚度、增厚度 4 个方面进行规范。本标准有 1 个附录，附录 A《千分尺活动面的中心定位》为资料性附录。

【修订情况】

无。

GB/T 23730.1－2009　中国标准视听作品号
第1部分：视听作品标识符

【标　准　号】GB/T 23730.1－2009

【标准名称】中国标准视听作品号　第1部分：视听作品标识符

【采标情况】ISO 15706-1：2002，MOD

【发布时间】2009 年 5 月 6 日

【实施时间】2009 年 11 月 1 日

【起草单位】北京师范大学、中国标准化研究院、文化部文化市场发展中心、中央电视台总编室、中央人民广播电台图书音像资料馆、北京大学、北京创源编码研究院

【起　草　人】耿骞、刘植婷、袁力、武金鑫、王亚平、王亚、沈正华、邵珂、白阳

【适用范围】

本标准为 GB/T 23730《中国标准视听作品号》系列标准的第 1 部分。本标准规定了中国标准视听作品号的结构、分配和使用规则、显示位置和方式以及相关元数据和系统的管理和维护。本标准适用于由动态影像构成的抽象的智力或艺术创作。本标准不适用于具有具体表现形式或载体形态的视听作品。

【主要内容】

本标准正文包括 7 部分内容，分别是：范围，规范性引用文件，术语和定义，中国标准视听作品号的结构，中国标准视听作品号的分配，中国标准视听作品号的显示位置和方式，中国标准视听作品号系统的管理。其中，中国标准视听作品号的结构部分规定了中国标准视听作品号的字符组成。中国标准视听作品号的分配部分、显示位置和方式部分及系统管理部分分别介绍了中国标准视听作品号的分配原则、显示方法和系统管理维护机构等。本标准有 6 个附录。附录 A《中国标准视听作品号的分配及使用规则》为规范性附录，更加详细地规定了中国标准视听作品号分配与使用的细则，如中国标准视听作品号只能发放给由中国 ISAN 机构确认的注册登记者，只能唯一分配给一个视听作品，以及中国标准视听作品号的发放不作为视听作品所有权的证明等。附录 B《中国标准视听作品号的校验码》为规范性附录，规定了校验码的目的、结构及使用规则。附录 C《中国标准视听作品号系统的管理》为规范性附录，对中国 ISAN 机构的职责进行了规范性说明。附录 D《视听作品注册的描述信息》为资料性附录，对视听作品注册的一般原则进行了说明，并对注册新的视听作品的著录信息、注册连续视听作品中剧集的著录信息，以及注册连续视听作品中以前库存的著录信息进行了详细说明。

附录 E《中国标准视听作品号的二进制代码》、附录 F《中国标准视听作品号的 XML 编码》均为规范性附录。

【修订情况】

无。

GB/T 23730.2－2009　中国标准视听作品号
第 2 部分：版本标识符

【标　准　号】GB/T 23730.2－2009

【标准名称】中国标准视听作品号　第 2 部分：版本标识符

【采标情况】ISO 15706.2：2007，MOD

【发布时间】2009 年 5 月 6 日

【实施时间】2009 年 11 月 1 日

【起草单位】北京师范大学、中国标准化研究院、文化部文化市场发展中心、中央电视台总编室、中央人民广播电台图书音像资料馆、北京大学、北京创源编码研究院

【起　草　人】耿骞、刘植婷、袁力、武金鑫、王亚平、王亚、沈正华、邵珂、白阳

【适用范围】

　　本标准为 GB/T 23730《中国标准视听作品号》系列标准的第 2 部分。本标准规定了中国标准视听作品号版本号的结构、分配和使用规则、显示位置和方式以及相关元数据和系统的管理和维护。本标准适用于精确、唯一标识视听作品在生命期内所产生的作品或其他内容中的任一版本。

【主要内容】

　　本标准正文包括 7 部分内容，分别是：范围，规范性引用文件，术语和定义，中国标准视听作品号版本号的结构，中国标准视听作品号版本号的分配，中国标准视听作品号版本号的显示位置和方式，中国标准视听作品号版本号系统的管理。其中，中国标准视听作品号版本号的结构部分规定了中国标准视听作品号版本号的字符组成标准及版本字段取值范围。中国标准视听作品号版本号的分配部分、显示位置和方式部分及系统管理部分分别规范了中国标准视听作品号版本号的分配原则、显示方法和系统管理维护机构等内容。本标准有 5 个规范性附录。附录 A《中国标准视听作品号版本号的分配及使用规则》规定了中国标准视听作品的不同版本的决定要素等内容。附录 B《中国标准视听作品号版本号注册记录》，规定了注册数据的职责和所需的注册信息等内容。附录 C《中国标准视听作品号版本号的校验码》，规定了校验码的目的、结构及使用规则。附录 D《中国标准视听作品号版本号的二进制编码》对视听作品号版本号的 96 个二进制编码进行了解读。附录 E《中国标准视听作品号版本号的 XML 编码》规范了中国标准视听作品号版本号的 XML 模式及编码。

【修订情况】

　　无。

GB/T 23731－2009　GEDI－通用电子文档交换

【标 准 号】 GB/T 23731－2009

【标准名称】 GEDI－通用电子文档交换

【采标情况】 ISO 17933：2000，IDT

【发布时间】 2009 年 5 月 6 日

【实施时间】 2009 年 11 月 1 日

【起草单位】 中国化工信息中心

【起 草 人】 蔡志勇、张蓓、齐明、魏刚

【适用范围】

本标准规定了在计算机系统之间交换电子文档拷贝的格式，既包括 GEDI 文件头定义，其中包含请求方和提供方信息，也包括文件的格式以及有关的书目信息。本标准适用于支持馆际互借和文件传输请求的计算机系统。

【主要内容】

本标准正文包括 11 部分内容，分别是：范围，规范性引用文件，术语和定义，符号和缩略语，服务模式和拓扑结构，GEDI 记录格式的结构，GEDI 文件头信息，电子文档格式，文件传输机制，邮件传输机制，一致性。其中，服务模式和拓扑结构部分主要描述电子文档发送交换过程的一般模型，并对能够将模型分成更小部分的"域"的概念进行了说明，对所有跨越域边界的模型要素及 GEDI 拓扑结构进行了描述。GEDI 记录格式的结构部分主要介绍了 GEDI 记录格式包括的两部分，即 GEDI 文件头（指示信息）和电子文档拷贝。GEDI 文件头信息部分主要介绍了 GEDI 文件头信息的五种类型及其数据元—语义，主要包括文档交换格式信息、目标和存储信息、事务信息、文档描述及填充等内容。文件传输机制部分主要对文件传输机制的 Internet FTP 协议进行了说明。邮件传输机制部分主要对 GEDI 记录通过电子邮件发送时的传输机制进行了说明，并介绍了 MIME 传输配置表。本标准包含 2 个资料性附录。附录 A《馆际互借 APDU 到 GEDI 的映射》以表格的形式列出了馆际互借数据元及其组成或要素，以及每个要素对应的 GEDI 标号。附录 B《电子文档拷贝格式注册》对文档扫描图像传送的 B 类图像文件格式（TIFF）进行了说明，并介绍了 TIFF 图形文件的 GEDI 文件头，同时还简要描述了 PDF 注册和 JFIF/JPEG 注册。

【修订情况】

无。

GB/T 23732—2009 中国标准文本编码

【标　准　号】GB/T 23732—2009

【标准名称】中国标准文本编码

【采标情况】无

【发布时间】2009 年 5 月 6 日

【实施时间】2009 年 11 月 1 日

【起草单位】北京大学、中国标准化研究院、文化部文化市场发展中心、新华通讯社通信技术局、中央电视台总编室、中央人民广播电台图书音像资料馆、北京创源编码研究院

【起　草　人】沈正华、邵科、刘植婷、袁力、武国卫、武金鑫、王亚平、石村、季弘、白阳

【适用范围】

本标准规定了中国标准文本编码的结构、分配和使用原则、相关元数据和管理维护。本标准适用于所有由词语组合构成的抽象的智力或艺术创作。本标准不适用于文本作品的任何物理产品，包括各种印刷型出版物或基于作品内容的电子格式。文本作品的内容表达和载体表现应分属于不同的编码标识系统。注册中国标准文本编码与版权登记不具有同一性，自然也不成为文本作品知识产权的法律凭证。

【主要内容】

本标准正文共包括 6 部分内容，分别是：范围，规范性引用文件，术语和定义，中国标准文本编码的编码结构和句法，中国标准文本编码和中国标准文本编码元数据的结合，中国标准文本编码的分配与管理。其中，中国标准文本编码的编码结构和句法部分主要对中国标准文本编码的基本结构和句法、注册机构标识、年份、作品序号、校验码等问题进行了系统说明。中国标准文本编码和中国标准文本编码元数据的结合部分主要阐述了文本编码与文本编码元数据结合的必要性及实施办法。中国标准文本编码的分配与管理部分对文本编码的分配和使用原则，以及中国 ISTC 机构的重要性和主要职责进行了说明。本标准有 5 个附录。附录 A《中国标准文本编码的分配和使用原则》为规范性附录，对中国标准文本编码的分配方法、文本编码元数据所包含元素及管理元数据进行了规范。附录 B《中国标准文本编码体系的管理》为规范性附录，对中国 ISTC 机构职责和中国标准文本编码的分配等进行了描述。附录 C《中国标准文本编码校验码的计算方法》为规范性附录，通过表格给出十六进制（MOD 16-3）中国标准文本编码十六进制校验码的计算方法。附录 D《文本作品注册的中国标准文本编码元数据》为规范性附录，对文本作品的题名信息、贡献者信息、作品来源信息、作品语言及注

册者信息进行了说明。附录E《中国标准文本编码的功能》为资料性附录，通过图例提供了中国标准文本编码和其他标准编码系统之间的相互关系的信息。

【修订情况】

无。

GB/T 23733—2009　中国标准音乐作品编码

【标 准 号】GB/T 23733—2009

【标准名称】中国标准音乐作品编码

【采标情况】ISO 15707：2001，MOD

【发布时间】2009 年 5 月 6 日

【实施时间】2009 年 11 月 1 日

【起草单位】北京大学、中国标准化研究院、文化部文化市场发展中心、中央电视台总编室、中央人民广播电台图书音像资料馆、北京创源编码研究院

【起 草 人】邵珂、沈正华、刘植婷、罗洪涛、袁力、武金鑫、王亚平、彭明、白阳

【适用范围】

本标准规定了中国标准音乐作品编码的结构、编码对象、管理维护机构、分配规则以及与中国标准音乐作品编码相关的元数据。本标准适用于完全由声音汇集而成的抽象的智力或艺术创作。本标准不适用于音乐作品的表现形式或其载体形态。音乐作品的表现形式或载体形态应当归属其他专门的标识系统。注册中国标准音乐作品编码与版权登记不具有同一性，也不自然成为提供音乐作品知识产权的法律凭证。

【主要内容】

本标准正文包括 7 部分内容，分别是：范围，规范性引用文件，术语和定义，中国标准音乐作品编码的结构，中国标准音乐作品编码的管理，中国标准音乐作品编码与描述性元数据的关联，中国标准音乐作品编码与数字内容的关联。其中，中国标准音乐作品编码的结构部分对中国标准音乐作品的基本结构、前缀元素、作品识别符和校验符做了详细规范。本标准有 3 个附录。附录 A《中国标准音乐作品编码使用指南》为规范性附录，主要规范了中国标准音乐作品编码的对象、中国标准音乐作品编码系统的管理、中国标准音乐作品编码的分配及描述性元数据等内容。附录 B《中国标准音乐作品编码校验符的计算》为资料性附录，提供了计算机计算中国标准音乐作品编码校验符的方法。附录 C《音乐作品注册的描述性元数据》为资料性附录，主要介绍了音乐作品注册描述性元数据的题名信息、创作者信息、作品来源信息等内容。

【修订情况】

无。

GB/T 24422－2009 信息与文献 档案纸
耐久性和耐用性要求

【标 准 号】GB/T 24422－2009

【标准名称】信息与文献 档案纸 耐久性和耐用性要求

【采标情况】ISO 11108：1996，MOD

【发布时间】2009 年 9 月 30 日

【实施时间】2010 年 2 月 1 日

【起草单位】国家图书馆、中国制浆造纸研究院、上海图书馆、中央档案馆、中国人民大学

【起 草 人】周崇润、田周玲、陈曦、黄显功、王宜欣、张美芳

【适用范围】

本标准规定了档案纸的性能要求。本标准适用于需永久保存和经常使用的文献、记录及出版物用纸。

【主要内容】

本标准正文包括 6 部分内容，分别是：范围，规范性引用文件，术语和定义，性能要求，试验方法，报告。其中，性能要求部分对纸张采样及处理、纤维成分、定量、撕裂度、耐折度、水抽提液的 pH 值、碱保留量及抗氧化性的相关内容进行规范。试验方法部分主要规定了各项性能指标测定所依据的国家标准及国际标准，涵盖了 GB/T 451.2、GB/T 455、GB/T 457 等。报告部分规范了检验报告应包含的内容要点。本标准有 5 个资料性附录。附录 A《档案纸与 GB/T 24423－2009 所定义的耐久纸的关系》描述了根据本标准生产的纸张与符合 GB/T 24423－2009 文献用纸的关系。附录 B《关于测定卡伯值的特别说明》，对本标准中卡伯值的测定目的和取值进行了客观描述。附录 C《纸张碱保留量的试验方法》，对纸张碱保留量的取样、原理、化学试剂、试验步骤、结果计算等进行了系统说明。附录 D《本标准章条编号与 ISO 11108：1996 章条编号对照》对本标准的章条编号与 ISO 11108：1996 的章条编号的对照情况进行了详细描述。附录 E《本标准与 ISO 11108：1996 技术性差异及其原因》对本标准与 ISO 11108：1996 的技术性差异及其原因进行了解释。

【修订情况】

无。

GB/T 24423-2009 信息与文献 文献用纸 耐久性要求

【标 准 号】GB/T 24423—2009

【标准名称】信息与文献 文献用纸 耐久性要求

【采标情况】ISO 9706：1994，MOD

【发布时间】2009 年 9 月 30 日

【实施时间】2010 年 2 月 1 日

【起草单位】国家图书馆、中国纸浆造纸研究院、上海图书馆、中央档案馆、中国人民大学

【起 草 人】周崇润、田周玲、陈曦、黄显功、王宜欣、张美芳

【适用范围】

本标准规定了文献用纸的耐久性要求。本标准适用于需长期保存的文献、记录及出版物用纸。本标准不适用于纸板。

【主要内容】

本标准正文包括 8 部分内容，分别是：范围，规范性引用文件，术语和定义，原理，性能要求，试验方法，报告，标识、贮存。其中，原理部分主要对本标准中纸张耐久性试验的性能要求进行了系统说明。性能要求部分主要规定了纸张耐久性的性能测试要求，包括采样要求、强度性能、碱保留量、抗氧化性、水抽提液 pH 值。试验方法部分主要规定了各性能指标的测定及所依据的国家标准或国际标准。报告部分主要规定了检验报告中应当包括的内容。标识、贮存部分主要对如何标识贮存符合本标准及其出版物提出要求。本标准有 5 个附录。附录 A《认可符号及声明》为规范性附录，给出了认可符号及声明并规定了认可符号及认可声明的使用位置。附录 B《关于测定卡伯值的特别说明》为资料性附录，对本标准中卡伯值的测定目的和取值进行了特别说明。附录 C《纸张碱保留量的试验方法》为资料性附录，对纸张碱保留量的取样、原理、化学试剂、试验步骤、结果计算等进行了系统说明。附录 D《本标准章条编号与 ISO 9706：1994 章条编号对照》为资料性附录，对本标准的章条编号与 ISO 9706：1994 的章条编号对照情况进行了描述。附录 E《本标准与 ISO 9706：1994 技术性差异及其原因》为资料性附录，对本标准与 ISO 9706：1994 的技术性差异及其原因进行了解释。

【修订情况】

无。

GB/T 24424—2009　馆藏说明

【标　准　号】GB/T 24424—2009

【标准名称】馆藏说明

【采标情况】ISO 10324：1997，NEQ

【发布时间】2009 年 9 月 30 日

【实施时间】2010 年 2 月 1 日

【起草单位】国家图书馆、中国科学院文献情报中心、北京师范大学图书馆、北京大学图书馆

【起　草　人】贺燕、曹迁、魏宇清、侯旭红、朱学军、刘春玥

【适用范围】

本标准规定了连续出版物或非连续出版物馆藏说明的数据元、数据元的内容、排列顺序与格式，以及馆藏说明中数据项范围与内容的要求，适用于一个或多个图书馆或文献机构的馆藏说明。本标准适用于任何物理载体的馆藏说明，适用于手工目录和机读目录馆藏说明的著录。本标准不属于编目条例的体系。

【主要内容】

本标准正文包括 5 部分内容，分别是：范围，规范性引用文件，术语和定义，馆藏说明结构，数据项与数据元。其中，馆藏说明结构部分主要对数据项、数据元、等级、标识符号与分隔符、馆藏说明的构成等给出规范性要求。数据项与数据元部分主要规定了馆藏说明内容的构成，包括款目标识项、馆藏地数据项、著录日期项、一般馆藏项、馆藏范围项、馆藏附注项 6 个方面。本标准有 4 个附录。附录 A《书目款目分类表》为规范性附录，对书目款目的分类从基本书目单元和辅助书目单元两个方面进行了详细描述。附录 B《馆藏说明显示格式》为资料性附录，对馆藏说明的两种显示格式——连续著录格式和分段著录格式进行了说明。附录 C《示例》为资料性附录，对连续出版物和非连续出版物的具体著录进行了示例。附录 D《本标准使用规则》为资料性附录，列出了不同等级馆藏的著录细则。

【修订情况】

无。

GB/T 25072－2010　缩微摄影技术
在 35 mm 缩微胶片上拍摄存档报纸

【标　准　号】GB/T 25072－2010

【标准名称】缩微摄影技术　在 35 mm 缩微胶片上拍摄存档报纸

【采标情况】ISO 4087：2005，MOD

【发布时间】2010 年 9 月 2 日

【实施时间】2010 年 12 月 1 日

【起草单位】全国文献影像技术标准化技术委员会第四分技术委员会

【起　草　人】张文增、李铭、毛谦

【适用范围】

本标准规定了为保存和发行而进行缩微拍摄报纸的一般原则。它包括对标板的要求，以确保正确的著录和保证缩微品符合存档的相关标准。本标准适用于 35 mm 无孔缩微卷片或缩微条片，包括第一代缩微胶片、中间片和发行拷贝。

【主要内容】

本标准正文包括 16 部分内容，分别是：范围，规范性引用文件，术语和定义，缩微生胶片，缩率和影像排列，片头和片尾，拍摄要求，文件排列，标板，拍摄片的处理，质量，补拍程序，中间片，发行拷贝，储存，包装。其中，分幅拍摄顺序、缩微胶片上的影像排列、拍摄报纸影像布局及文字阅读顺序、标板顺序给出了图示说明。第一代、第二代和发行拷贝的最低解像力的取值也给出了规范要求。

【修订情况】

无。

GB/T 25073－2010　缩微摄影技术　彩色缩微胶片曝光技术及与之相适应的线条原件和连续色调原件的制备

【标 准 号】GB/T 25073－2010

【标准名称】缩微摄影技术　彩色缩微胶片　曝光技术及与之相适应的线条原件和连续色调原件的制备

【采标情况】ISO 11142：2005，IDT

【发布时间】2010 年 9 月 2 日

【实施时间】2010 年 12 月 1 日

【起草单位】全国文献影像技术标准化技术委员会第 4 分技术委员会

【起 草 人】张阳、李健、李铭

【适用范围】

本标准规定了彩色缩微胶片曝光技术及为之制备的线条原件、连续色调原件和测试图，包括必要的测试原件和对彩色缩微胶片测试曝光的评价。本标准适用于彩色曝光技术和对可用的线条原件和连续色调原件的评价，以备缩微拍摄之用。

【主要内容】

本标准正文包括 6 部分内容，分别是：范围，规范性引用文件，曝光技术，在无色材料（制图纸、透明纸、制图薄膜）上制作的用于彩色缩微拍摄的原件，测试图，对彩色缩微胶片上测试图的复制效果的评价。其中，在无色材料（制图纸、透明纸、制图薄膜）上制作的用于彩色缩微拍摄的原件部分有材料的颜色、墨水和铅笔的颜色、印泥的颜色、色带、新制备连续色调原件中细节的呈现、线条和字符的宽度、均匀颜色区域、黏性金属箔片 8 个方面的内容。测试图部分有制作在无色纸上的线条原件 S 测试图、制作在无色纸上的连续色调原件 H 测试图 2 个方面的内容。对彩色缩微胶片上测试图的复制效果的评价部分包括 S 测试图的评价和 H 测试图的评价。本标准有 1 个附录，附录 A《测试图》为资料性附录，包括以下内容：现成的连续色调原件测试图，在缩微胶片阅读器中评价，解像力、颗粒性和最大光学密度 Dmax，条件等色，使用 ISO 字符和 2 号解像力测试图样主观测试，计算。

【修订情况】

无。

GB/T 25100－2010 信息与文献 都柏林核心元数据元素集

【标 准 号】GB/T 25100－2010

【标准名称】信息与文献 都柏林核心元数据元素集

【采标情况】ISO 15836：2009，MOD

【发布时间】2010 年 9 月 2 日

【实施时间】2010 年 12 月 1 日

【起草单位】国家图书馆、上海图书馆、北京大学图书馆、清华大学图书馆、中国科学院国家科学图书馆、中国科学技术信息研究所

【起 草 人】申晓娟、刘炜、沈芸芸、郑小惠、梁娜、刘春燕

【适用范围】

都柏林核心元数据元素集是应用于不同领域间资源描述的标准，是根据各类资源的共同特点确定的元数据元素集合。本标准并不限定所描述的资源类型。

【主要内容】

本标准正文包括 4 部分内容，分别是：范围，规范性引用文件，术语和定义，元素集。其中，元素集部分主要对元素名、标签、定义、注释等元素相关内容以表格形式进行了详细描述。本标准有 1 个附录，附录 A《更多参考信息》为资料性附录，提供了关于都柏林核心元数据元素集的更多信息的 URL，包括有关都柏林核心元数据计划（DCMI）的专题讨论、报告、工作组文件、项目以及最新进展情况等信息。

【修订情况】

无。

GB/T 26162.1—2010 信息与文献 文件管理
第1部分：通则

【标 准 号】GB/T 26162.1—2010

【标准名称】信息与文献 文件管理 第1部分：通则

【采标情况】ISO 15489-1：2001，IDT

【发布时间】2011 年 1 月 14 日

【实施时间】2011 年 6 月 1 日

【起草单位】国家档案局、中国人民大学信息资源管理学院、南京政治学院上海分院

【起 草 人】李伯富、安小米、张正强、聂曼影、杜梅、王红敏、王光越、马小彬、李国华、段荣婷、宋扬

【适用范围】

本标准为 GB/T 26162《信息与文献 文件管理》系列标准的第 1 部分。本标准规定了信息与文献中文件管理的总体要求和方法。本标准适用于：任何公共机构或私人机构在进行活动过程中所形成或收到的所有格式或载体的文件的管理，也适用于个人文件的形成和保管；为机构确定文件的管理职责、管理方针、管理程序、管理系统和管理过程提供指导；支持质量管理框架，提供符合 GB/T 19001 和 GB/T 24001 的文件管理指导；为文件系统的设计和实施提供指导。也适用于：机构的管理人员；文件、信息和技术的专业管理人员；机构内的所有其他职员；其他负责文件形成和保存的个人。本标准不适用于档案馆馆藏档案的管理。

【主要内容】

本标准正文包括 11 部分内容，分别是：范围，规范性引用文件，术语和定义，文件管理的效用，监管环境，方针与职责，文件管理要求，文件系统的设计与实施，文件管理的过程及控制，监控与审核，培训。其中，文件管理要求部分主要对文件管理规划的原则和文件的特点等进行了系统说明。文件系统的设计与实施部分主要规定了对文件系统的总体要求、文件系统的特点、文件系统的设计与实施方法、文件系统的设计与实施、文件系统的终止等内容。文件管理的过程及控制部分主要对文件系统内文件的保管期限，文件的捕获方法，文件的登记、分类、存储、处理、利用及跟踪等内容进行了详细规范。本标准有 1 个索引。

【修订情况】

无。

GB/T 26163.1－2010　信息与文献　文件管理过程　文件元数据　第1部分：原则

【标 准 号】GB/T 26163.1－2010

【标准名称】信息与文献　文件管理过程　文件元数据　第1部分：原则

【采标情况】ISO 23081-1：2006，IDT

【发布时间】2011年1月14日

【实施时间】2011年6月1日

【起草单位】国家档案局、天津市档案局、安徽省档案局、江西省档案局、深圳市档案局、南京政治学院上海分院

【起 草 人】王良城、张正强、王岚、黄玉明、方昀、毛海帆、方燕、杜梅、王红敏、刘峰、张淑霞、程妍妍、丁德胜

【适用范围】

本标准为 GB/T 26163《信息与文献　文件管理过程　文件元数据》系列标准的第1部分。本标准规定了文件管理元数据创建、管理及应用的原则。本标准适用于：文件及其元数据；影响文件及其元数据的全部过程；文件及其元数据所处的各类系统；负责管理文件及其元数据的各类组织机构。

【主要内容】

本标准正文包括9部分内容，分别是：范围，规范性引用文件，术语和定义，文件管理元数据，文件管理元数据的意义与作用，职责，与其他元数据领域相关的文件管理元数据，元数据的管理，支持 GB/T 26162.1 所需的元数据类型。其中，文件管理元数据的意义与作用部分主要描述了文件管理元数据的一般作用，并对组织机构宜使用的文件管理元数据及其所涉及的捕获节点形成的元数据、文件捕获后的元数据进行了详细说明。职责部分对机构内形成、捕获或管理元数据的所有员工的具体职责进行了明确规定。与其他元数据领域相关的文件管理元数据部分主要对电子业务元数据、信息保存元数据、资源描述元数据、资源发现元数据及权限管理元数据进行了说明。元数据的管理部分主要对元数据的应用级次、在文件生命周期内宜形成及应用元数据的节点、元数据管理的过程、元数据结构及系统的作用做了规范性说明。支持 GB/T 26162.1 所需的元数据类型部分规定了有效实施 GB/T 26162.1－2010 所需的元数据类型，并作为对 GB/T 26163.1－2010 第5章的进一步说明。GB/T 26163.1－2010 第5章主要规定在文件系统设计时应该应用的元数据的范围，以满足 GB/T 26162.1－2010 的要求。

【修订情况】

无。

GB/Z 26822－2011　文档管理　电子信息存储真实性可靠性建议

【标　准　号】GB/Z 26822－2011

【标准名称】文档管理　电子信息存储　真实性可靠性建议

【采标情况】ISO/TR 15801：2009，IDT

【发布时间】2011 年 7 月 29 日

【实施时间】2011 年 12 月 1 日

【起草单位】全国文献影像技术标准化技术委员会七分会

【起 草 人】张美芳、樊慧丽、董立康

【适用范围】

本指导性技术文件规定了用于确保所存储电子信息真实可靠性文档管理系统的实施和操作。本指导性技术文件适用于任何使用文档管理系统来存储不断产生的真实的、可靠的、可用的(可读的)电子信息的机构。此类系统将集成政策、程序、技术和审核跟踪等需求，以确保电子信息存储过程中的完整性。

【主要内容】

本指导性技术文件正文包括 7 部分内容，分别是：范围，术语和定义，文档管理政策，保管职责，程序和过程，可实现技术，审核跟踪。其中，文档管理政策部分描述了组织机构的信息管理政策，并针对如何确保存储在可信文档管理系统中信息的可靠性、准确性和真实性这一问题提供了操作指南。保管职责部分指出，可信文档管理系统需确保存储的电子信息是原始信息真实和准确的复制，并对可信系统、信息安全管理、制定业务连续性计划及咨询等问题进行了说明。程序和过程部分描述了程序手册、信息捕获、文档影像捕获、数据捕获、标引、真实输出程序、文件传输、文档保管等可信文档管理系统的相关操作程序。可实现技术部分则介绍了系统描述手册、存储介质和子系统考虑因素、访问级别、系统完整性检查、图像处理、压缩技术、表格覆盖和移除、环境考虑因素、迁移、信息的删除和(或)清除等与本指导性技术文件有关的技术问题。审核跟踪部分包括对数据的审核跟踪、迁移和转换等具体操作的规范性说明。

【修订情况】

无。

GB/T 27702－2011 信息与文献 信息检索(Z39.50)应用服务定义和协议规范

【标 准 号】GB/T 27702－2011

【标准名称】信息与文献 信息检索(Z39.50)应用服务定义和协议规范

【采标情况】ISO 23950：1998，IDT

【发布时间】2011 年 12 月 30 日

【实施时间】2012 年 5 月 1 日

【起草单位】中国国防科技信息中心、中国科学技术信息研究所、北京大学

【起 草 人】真溱、龚昌明、汤珊红、李秀锦、赵晋巍、冯海涛、陈凌

【适用范围】

本标准规定了信息检索的应用服务定义和协议规范。服务定义部分描述了在一个应用中实现搜索和索取数据库中信息的服务；协议规范部分包括协议控制信息的定义、交换该信息的规则，以及实施协议需要满足的一致性要求。本标准适用于支持信息检索服务的系统，以及诸如信息服务机构、大学、图书馆、联合编目中心这样的组织。

【主要内容】

本标准正文包括 5 部分内容，分别是：范围，规范性引用文件，术语和定义，信息检索服务，协议规范。其中，信息检索服务部分主要对信息检索服务的模型和特征、信息检索服务机制、消息/记录长度和分段、操作和引用标识、并发操作、组成规范、Type-1 查询和 Type-101 查询等进行了系统说明。协议规范部分主要描述了 Z39.50 APDU 的抽象语法和 ASN.1 规范、协议过程、扩展性规则和一致性要求。本标准有 16 个附录。附录 A《OID：Z39.50 对象标识符》为规范性附录，给出了分配给本标准的对象标识符、本标准分配的对象类、本标准分配的对象标识符等内容。附录 B《CTX：应用环境 basic-Z39.50-ac》为规范性附录，阐述了 ANSI 标准 Z39.50 的应用环境 basic-Z39.50-ac 的定义。附录 C《ATR：属性集》为规范性附录，定义了本标准注册的属性集 Bib-1、Exp-1、Ext-1。附录 D《ERR：错误诊断》为规范性附录，定义并注册了诊断集 Bib-1 和诊断格式 Diag-1。附录 E《REC：记录语法》为规范性附录，为记录语法注册了对象标识符。附录 F《RSC：资源报告格式》为规范性附录，定义和注册了资源报告格式 Resource-1 和 Resource-2。附录 G《ACC：访问控制格式》为规范性附录，定义并注册了访问控制格式 prompt-1、des-1、kr-1。附录 H《EXT：本标准定义的扩展服务》为规范性附录，定义并注册了七项扩展服务。附录 I《USR：用户信息格式》为规范性附录，定义并注册了用户信息格式 SearchResult-1，用于 SearchResonse APDU。附录 J《ESP：元素规范格式》为规范性附录，定义并注册了元素规范格式 eSpec-1。附录 K《VAR：变

量集》为规范性附录，定义和登记了变量集 Variant-1。附录 L《TAG：标签集定义和模式》为规范性附录，给出了模式定义和标签集定义的内容。附录 M《ERS：扩展结构集模型》为资料性附录，描述了邻近扩展结果集模型和限制扩展结果集。附录 N《RET：Z39.50 索取》为资料性附录，概述了 Z39.50 索取提供的从记录中提取信息的能力。附录 O《PRO：Z39.50 框架文件》为资料性附录，列出了由开放系统环境实施者工作组(OIW)图书馆应用专业组(SIG/LA)批准的 Z39.50 的框架文件。附录 P《维护机构的指定》为资料性附录，指定美国国会图书馆的 Z39.50 维护处为本标准的维护机构。

【修订情况】

无。

GB/T 27703－2011　信息与文献
图书馆和档案馆的文献保存要求

【标　准　号】GB/T 27703－2011

【标准名称】信息与文献　图书馆和档案馆的文献保存要求

【采标情况】ISO 11799：2003，MOD

【发布时间】2011 年 12 月 30 日

【实施时间】2012 年 5 月 1 日

【起草单位】国家图书馆、中央档案馆、上海图书馆、天津图书馆、中国第一历史档案馆

【起　草　人】周崇润、孟晓红、赵鹏、谢宇斌、万群、胡忠良

【适用范围】

本标准规定了图书馆和档案馆纸质文献库的基本特征及文献的保存、保护要求。本标准适用于需要长期或永久保存的纸质文献。本标准不包括非纸质文献的保存要求，如胶片的、磁性的、光学的和电子的文献等。本标准也不包括文献库的管理程序。

【主要内容】

本标准正文包括 12 部分内容，分别是：范围，规范性引用文件，术语和定义，建筑要求，温湿度要求，空气质量要求，采光与照明，消防要求，安防要求，有害生物防治要求，装具要求，展览要求。其中，建筑要求部分主要对选址要求、抗震要求、防火要求、保温与隔热、防水防潮、平面布置 6 方面提出要求。空气质量要求、采光与照明、消防要求和安防要求部分还给出了要执行的相关国家标准。本标准有 2 个资料性附录。附录 A《本标准章条编号与 ISO 11799：2003 章条编号对照》给出了本标准章条编号与 ISO 11799：2003 章条编号对照一览表。附录 B《本标准与 ISO 11799：2003 技术性差异及原因》列举了本标准的 26 项内容与 ISO 11799：2003 的技术性差异及原因。

【修订情况】

无。

GB/T 28220－2011 公共图书馆服务规范

【标 准 号】GB/T 28220－2011

【标准名称】公共图书馆服务规范

【采标情况】无

【发布时间】2011 年 12 月 30 日

【实施时间】2012 年 5 月 1 日

【起草单位】上海图书馆、浙江图书馆、长春市图书馆

【起 草 人】刘小琴、王世伟、陈胜利、程小澜、刘慧娟、张奇、吴建明、余江、金晓明、程慕伊、周玉红

【适用范围】

本标准规定了图书馆服务资源、服务效能、服务宣传、服务监督与反馈等内容。本标准适用于县(市)级以上公共图书馆。街道、乡镇级公共图书馆以及社区、乡村和社会力量办的各类公共图书馆基层服务点参照执行。

【主要内容】

本标准正文包括 8 部分内容，分别是：范围，规范性引用文件，术语和定义，总则，服务资源，服务效能，服务宣传，服务监督与反馈。其中，服务资源部分包括硬件资源、人力资源、文献资源 3 个方面。服务效能部分包括服务能力和服务效率，并细分为 14 个指标。服务宣传部分主要包括导引标识、服务告示、馆藏揭示、活动推广 4 个方面。服务监督与反馈部分主要包括监督途径和方法、读者满意度调查的内容。

【修订情况】

无。

GB/T 29182－2012 信息与文献 图书馆绩效指标

【标　准　号】GB/T 29182－2012

【标准名称】信息与文献 图书馆绩效指标

【采标情况】ISO 11620：2008，IDT

【发布时间】2012 年 12 月 31 日

【实施时间】2013 年 6 月 1 日

【起草单位】中国科学院国家科学图书馆、国家图书馆、清华大学图书馆、北京大学图书馆、中国社会科学院文献信息中心

【起　草　人】初景利、李玲、贾延霞、黎知谨、刘彦丽、耿海英、张红霞

【适用范围】

本标准规定了图书馆绩效指标的要求，并建立了一套可为各类型图书馆使用的绩效指标。它同时也为尚未使用绩效指标的图书馆如何使用绩效指标提供了指导。本标准提供了绩效指标的标准术语和简要定义。本标准适用于我国各种类型的图书馆。但应注意，并非所有的绩效指标都适用于每类图书馆。本标准并未覆盖图书馆服务、活动和资源利用的所有绩效指标。

【主要内容】

本标准正文包括 5 部分内容，分别是：范围，术语和定义，标识，标准及描述框架，绩效指标的使用。其中，标准及描述框架部分概述了制订图书馆绩效指标的目的，绩效指标测试时宜遵循的标准，并给出了描述绩效指标的框架。绩效指标的使用部分主要规定了绩效指标使用的总体思路、绩效指标的选择等。木标准有 2 个规范性附录。附录 A《图书馆绩效指标一览表》列出了图书馆普遍开展的活动和服务的绩效指标，并标出了每个指标在附录 B 中对应的标号。附录 B《图书馆绩效指标描述》对附录 A 所列绩效指标进行了详细描述。

【修订情况】

无。

GB/T 30227—2013　图书馆古籍书库基本要求

【标　准　号】GB/T 30227—2013

【标准名称】图书馆古籍书库基本要求

【采标情况】无

【发布时间】2013 年 12 月 31 日

【实施时间】2014 年 12 月 1 日

【起草单位】国家图书馆(国家古籍保护中心)、武汉大学、中山大学、中央档案馆、浙江图书馆、甘肃省图书馆、西藏图书馆、贵州省图书馆、福建省图书馆、吉林省图书馆、首都图书馆

【起　草　人】陈红彦、周崇润、张志清、刘家真、晁健、徐晓军、丹增卓玛、林明、易雪梅、陈琳、林永祥、刘乃英、陈艳华、田周玲、刘晨书

【适用范围】

本标准规定了图书馆古籍书库的温湿度要求、空气净化要求、光照和防紫外线要求以及书库的建筑、消防、安防等与古籍保护和安全相关的基本条件。本标准适用于收藏有古籍的各类型图书馆,其他古籍收藏机构也可参照使用。

【主要内容】

本标准正文包括 10 部分内容,分别是:范围,规范性引用文件,术语和定义,建筑要求,温湿度要求,空气净化与通风要求,照明和防紫外线要求,消防与安防要求,防霉、防虫和防鼠要求,装具要求。其中,建筑要求、温湿度要求等部分内容对图书馆古籍书库建设中与古籍安全保护相关的各项要求及要遵守的相关标准做了详细规定。

【修订情况】

无。

GB/T 31076.1－2014　汉文古籍特藏藏品定级
第1部分：古籍

【标　准　号】GB/T 31076.1－2014

【标准名称】汉文古籍特藏藏品定级　第1部分：古籍

【采标情况】无

【发布时间】2014 年 12 月 22 日

【实施时间】2015 年 7 月 1 日

【起草单位】国家图书馆、天津图书馆、上海图书馆、复旦大学图书馆、北京大学图书馆、南京图书馆、首都图书馆、浙江图书馆、辽宁省图书馆、山东省图书馆、陕西省图书馆

【起　草　人】李致忠、李国庆、张志清、陈红彦、陈先行、吴格、沈乃文、徐忆农、刘乃英、童正伦、王清源、唐桂艳、杨居让、韦力、鲍国强、程有庆、赵前

【适用范围】

本标准为 GB/T 31076《汉文古籍特藏藏品定级》系列标准的第1部分。本标准规定了古籍的术语和定义，以及古籍的级别和等次。本部分适用于普通形制古籍的定级；不适用于其他特殊藏品，如简帛古籍、敦煌遗书、佛教古籍、碑帖拓本、古地图及域外刻本等的定级。供全国各级各类图书馆、博物馆等单位在古籍保护、整理和利用工作中使用，也供出版、教学、科研及国内外相关单位参考使用。

【主要内容】

本标准正文包括 4 部分内容，分别是：范围，术语和定义，定级原则，定级细则。其中，定级原则部分规定应依据古籍所具有的历史文物价值、学术资料价值和艺术代表价值作为评定等级的准则。定级细则部分主要对一级古籍、二级古籍和三级古籍的具体定级标准进行了规范性说明。

【修订情况】

无。

GB/T 31219.2－2014　图书馆馆藏资源数字化加工规范 第2部分：文本资源

【标　准　号】GB/T 31219.2－2014

【标准名称】图书馆馆藏资源数字化加工规范　第2部分：文本资源

【采标情况】无

【发布时间】2014年9月30日

【实施时间】2015年1月1日

【起草单位】国家图书馆、首都图书馆、北京大学图书馆、中国科学院文献情报中心、上海图书馆上海科学技术情报研究所、浙江大学图书馆、汉王科技股份有限公司、北京方正阿帕比技术有限公司

【起 草 人】李晓明、龙伟、赵四友、朱云、陈建新、王炜、张春红、刘秀文、张建勇、周静怡、徐强、黄晨、李明敬、魏丕

【适用范围】

本标准为 GB/T 31219《图书馆馆藏资源数字化加工规范》系列标准的第2部分。本标准规定了图书馆文本资源数字化加工遵循的技术标准。本标准适用于以文字为主要表达形式，可存在少量图表的文本文献（不包括古籍善本、手稿等特殊文献）的数字化加工。本标准适用于图书馆文本资源数字化加工，其他文献信息机构的文本资源数字化加工也可参照使用。

【主要内容】

本标准正文包括9部分内容，分别是：范围，规范性引用文件，术语和定义，加工级别及内容编码，加工准备，资源采集与处理，元数据加工，命名规则，质量管理。其中，加工级别及内容编码部分根据文本数字资源的加工目的和要求，将文本资源数字化加工级别分为了长期保存级和发布服务级，并对相应的内容编码做出了规定。加工准备部分对文本资源数字化加工之前需做的准备工作提出了要求。资源采集与处理部分主要对文本资源采集方式、文本录入及光学字符识别等内容进行了规范。元数据加工部分主要对管理元数据著录项目以表格的形式进行了规范性说明，并对数据关联和数据封装进行了说明。命名规则部分给出了文本资源文件命名应遵循的规则。质量管理部分给出了文本资源数字化加工的质量要求和过程管理要求。

【修订情况】

无。

GB/T 31219.3—2014   图书馆馆藏资源数字化加工规范 第3部分：图像资源

【标　准　号】GB/T 31219.3—2014

【标准名称】图书馆馆藏资源数字化加工规范　第3部分：图像资源

【采标情况】无

【发布时间】2014年9月30日

【实施时间】2015年1月1日

【起草单位】北京大学图书馆、清华大学图书馆、国家图书馆、首都图书馆、中国科学院文献情报中心、方正国际软件有限公司

【起　草　人】肖珑、张春红、邵珂、唐勇、郑小惠、刘聪明、龙伟、赵四友、窦玉萌、刘筱敏、周长岭

【适用范围】

本标准为GB/T 31219《图书馆馆藏资源数字化加工规范》系列标准的第3部分。本标准给出了馆藏图像数字资源的加工标准和工作规范。本标准既适用于非数字化的、以不同形式和载体存储的信息资源，又适用于最初产生时即以数字图像形态存在的原生数字图像资源，也适用于文献经过数字化加工后派生出的数字图像资源。

【主要内容】

本标准正文包括9部分内容，分别是：范围，规范性引用文件，术语和定义，加工级别及技术参数，加工准备，资源的采集与处理，元数据加工，命名规则，质量管理。其中，加工级别及技术参数部分根据图像数字资源的加工目的和要求，将图像数字资源的应用级别分为长期保存级、复制加工级和发布服务级三类，并对相应的技术参数做出规范。加工准备部分对文献资源检查和前期处理、文献资源保护、数字加工设备的选取等工作环节提出要求。资源的采集与处理部分主要对数字资源的创建和数字图像后期处理的相关原则和环节进行规范。元数据加工部分主要对图像数字资源标记的内容项目以表格的形式进行了规范性说明。命名规则部分给出了图像数字对象命名的方案及要求以及期刊、图书及其他文献命名规则。质量管理部分给出了数据质量要求和过程管理要求。本标准有3个附录。附录A《文献结构代码表》为资料性附录，附录B《资源级别代码表》和附录C《文献载体类型代码》均为规范性附录。

【修订情况】

无。

GB/T 31219.4－2014 图书馆馆藏资源数字化加工规范 第4部分：音频资源

【标 准 号】 GB/T 31219.4－2014

【标准名称】 图书馆馆藏资源数字化加工规范 第4部分：音频资源

【采标情况】 无

【发布时间】 2014年9月30日

【实施时间】 2015年1月1日

【起草单位】 北京大学图书馆、国家图书馆、清华大学图书馆、天津音乐学院图书馆、中国音乐学院图书馆、国泰东方信息技术有限公司

【起 草 人】 聂华、朱本军、宋庆生、崔海媛、黄涛、龙伟、李若滨、郑小惠、童庆钧、王建欣、高媛、罗四洪、黄佳、孙超

【适用范围】

本标准为 GB/T 31219《图书馆馆藏资源数字化加工规范》系列标准的第4部分。本标准规定了音频资源数字化加工的技术参数和基本工作规范，包括音频资源数字化加工的加工级别及技术参数、加工准备、采集与处理、元数据加工、命名规则、质量管理。本标准适用于图书馆音频资源数字化加工，其他文献信息机构音频资源的数字化加工也可参照使用。

【主要内容】

本标准正文包括9部分内容，分别是：范围，规范性引用文件，术语和定义，加工级别及技术参数，加工准备，采集与处理，元数据加工，命名规则，质量管理。其中，加工级别及技术参数部分中，加工级别对音频数据的加工级别、主文件的类别、服务文件的类别3项进行规范；主文件技术参数给出了标准主文件、特殊记录主文件、语音记录主文件的参数要求；服务文件技术参数给出了无损服务文件、标准音质服务文件、高保真音质服务文件的参数要求。元数据加工部分对音频数据应标记的17个内容项给出定义，并对元数据关联和信息封装进行规范。

【修订情况】

无。

GB/T 32153－2015 文献分类标引规则

【标 准 号】GB/T 32153－2015

【标准名称】文献分类标引规则

【采标情况】ISO 5963：1985，NEQ

【发布时间】2015 年 12 月 10 日

【实施时间】2016 年 7 月 1 日

【起草单位】华东理工大学科技信息研究所、国家图书馆、武汉大学信息管理学院

【起 草 人】陈树年、汪东波、卜书庆、司莉

【适用范围】

本标准规定了文献分类标引的术语、定义、规则、方法、程序、质量管理。本标准适用于建立文献的手工检索工具、机读检索工具(系统)，以及文献报道工具所进行的分类标引，也可供网络信息分类标引参考使用。

【主要内容】

本标准正文包括 10 部分内容，分别是：范围，规范性引用文件，术语和定义，分类标引原则，分类标引方式与分类标引深度控制，不同主题文献的分类标引，不同类型文献的分类标引，各学科文献的分类标引，分类标引工作程序，分类标引的质量管理。其中，分类标引原则部分提出分类标引应遵循客观性原则、专指性原则、一致性原则、实用性原则。分类标引方式与分类标引深度控制部分把分类标引分为整体分类标引、全面分类标引、重点分类标引、补充分类标引、综合分类标引和分析分类标引 5 种方式，并根据检索系统的类型与功能要求、文献信息用户的需求，规范了分类标引深度控制的要求。不同类型文献的分类标引部分给出了多卷书、丛书分类标引等 12 类文献的分类标引要求。分类标引工作程序部分规范了分类标引工作流程：文献查重、文献审读及主题分析、选定分类号、审校。分类标引的质量管理部分从选择适用的分类法等 6 个方面对分类标引质量管理提出要求。本标准包括 2 个附录。附录 A《文献分类标引流程图》为规范性附录，用流程图的方式展示了文献分类标引工作的流程要求。附录 B《文献分类标引示例(以使用〈中国图书馆分类法〉和〈中国机读目录格式〉)》为例为资料性附录，给出了"兼顾分类检索与分类排架需求"和"仅满足分类检索需要"的两类文献分类标引示例。

【修订情况】

无。

GB/T 33286－2016 中国机读书目格式

【标 准 号】GB/T 33286－2016

【标准名称】中国机读书目格式

【采标情况】无

【发布时间】2016 年 12 月 13 日

【实施时间】2017 年 4 月 1 日

【起草单位】国家图书馆、北京大学图书馆

【起 草 人】汪东波、贺燕、刘小玲、曹宁、顾犇、苏品红、鲍国强、槐燕、王彦侨、谢琴芳、喻爽爽、刘春玥

【适用范围】

本标准规定了计算机可读目录的标准结构，包括字段标识符、字段指示符和子字段指示符，以及书目记录的内容标识在磁带、软盘、光盘等载体上的逻辑和物理格式。

本标准适用于中国国家书目机构、国内图书情报部门、其他文献管理部门以及国外各书目机构之间，以标准的计算机可读形式对专著、连续性资源、测绘制图资料、印刷乐谱、音像制品、缩微制品、电子资源、古籍和档案资料等各类型文献进行书目信息交换。

【主要内容】

本标准正文包括 7 个部分，分别是：范围，规范性引用文件，术语和定义，字段描述和符号约定，格式结构，记录头标和数据字段——基本说明，记录头标和数据字段说明——详细说明。其中，字段描述和符号约定部分给出了字段描述结构、符号约定的规范。格式结构部分就格式说明、总体结构、记录头标、地址目次区、数据字段区、必备字段、记录长度、记录连接、字符集、数据重复、数据子字段、不同文字的处理、复本特殊细节信息、字段间连接数据 14 项内容给出了定义和规范要求。记录头标和数据字段——基本说明部分就字段和子字段的重复、字段顺序、子字段顺序、字符、意义不明确时所用字符、数据的形式与内容、著录用标识符、国内使用字段 8 项内容给出基本的规范。记录头标和数据字段——详细说明部分对记录头标、标识块、编码信息块、著录信息块、附注块、款目连接块、相关题名块、主题分析块、责任块、国际使用块 10 项内容给出细致规范。本标准有 2 个附录。附录 A《有关代码》为规范性附录，给出了使用本标准时应使用的代码信息。附录 B《完整实例》为资料性附录，给出了本标准涉及的 6 种机读书目格式实例。

【修订情况】

无。

GB/T 33994－2017　信息与文献　WARC 文件格式

【标　准　号】GB/T 33994－2017

【标准名称】信息与文献　WARC 文件格式

【采标情况】ISO 28500：2009，IDT

【发布时间】2017 年 7 月 12 日

【实施时间】2018 年 2 月 1 日

【起草单位】国家图书馆、中国科学院文献情报中心、中国国防科技信息中心、中国科技信息研究所、北京万方数据股份有限公司

【起　草　人】毛雅君、李春明、吴振新、真溱、曲云鹏、张晓丹、张兰、杨贺、敦文杰、张彪

【适用范围】

本标准规定了 WARC 文件格式：

——存储来自于主流互联网应用层协议(如 HTTP、DNS 和 FTP)的有效载荷内容和控制信息；

——存储与其他已存储数据(如主题分类、语言、编码)相关的任意元数据；

——支持数据压缩，且保证数据记录的完整性；

——存储来自收割协议的全部控制信息(如请求标头信息)，而不仅仅是响应信息；

——存储与其他已存储数据相关的数据转换结果；

——存储与其他已存储数据相关的重复监测活动(当相同或者大体相似的资源出现时，可以减少存储消耗)；

——在不中断当前功能的情况下进行扩展；

——支持对超长记录在所需处进行截断或分段操作。

【主要内容】

本标准正文包括 9 部分内容，分别是：范围，规范性引用文件，术语、定义和缩略语，文件和记录模型，命名字段，WARC 记录类型，记录分段，注册 MIME 媒体类型——application/warc 和 application/warc-fields，WARC 文件名称、大小和压缩。其中，命名字段部分给出了 WARC-Record-ID 等 19 个命名字段的当前记录信息。WARC 记录类型部分描述了 8 种已定义的记录类型的目的和用法。本标准有 4 个资料性附录。附录 A《书写 WARC 记录的使用示例》列出了 5 个不同的使用示例。附录 B《WARC 记录示例》给出了 WARC 记录类型的示例。附录 C《WARC 文件大小及名称建议》给出了 WARC 文件实践目标大小及文件命名方法。附录 D《压缩建议》推荐使用 GZIP 格式中惯用的"deflate"压缩。

【修订情况】

无。

GB/T 34832－2017 信息与文献 CNMARC 的 XML 表示

【标 准 号】GB/T 34832－2017

【标准名称】信息与文献 CNMARC 的 XML 表示

【采标情况】ISO 25577：2013，MOD

【发布时间】2017 年 11 月 1 日

【实施时间】2018 年 5 月 1 日

【起草单位】国家图书馆、清华大学图书馆

【起 草 人】高红、汪东波、王洋、延卫平、杨慧

【适用范围】

本标准规定了 CNMARC 记录的 XML 格式，作为网络环境下对 GB/T 2901 格式的一种补充。本标准阐明了通用的、基于 XML 交换格式的书目记录和其他类型元数据的功能需求，但不定义单个记录的长度或内容，也不为字段标识、指示符、标识符以及执行格式的功能说明赋予任何定义。本标准适用于使用 CNMARC 格式编制的各种类型记录，包括书目记录、规范记录、分类记录和馆藏记录。

【主要内容】

本标准正文包括 4 部分内容，分别是：范围，规范性引用文件，术语和定义，CNMARC 记录的 XML 模式转换。本标准有 2 个资料性附录。附录 A《CNMARCXML 的一般模式》列出了 CNMARC 记录 XML 表示的一般模式。附录 B《实例》列出了 CNMARC 记录的格式化的实例。

【修订情况】

无。

GB/T 35430—2017 信息与文献 期刊描述型元数据元素集

【标 准 号】GB/T 35430—2017

【标准名称】信息与文献 期刊描述型元数据元素集

【采标情况】无

【发布时间】2017 年 12 月 29 日

【实施时间】2018 年 4 月 1 日

【起草单位】中国科学技术信息研究所、北京大学信息管理系、中国科学院文献情报中心、中国医学科学院医学信息研究所

【起 草 人】段明莲、赵捷、张建勇、葛红梅、白光武、王星、李学惠

【适用范围】

本标准规定了电子期刊、印本期刊、期刊中析出的图或表的描述单位，电子期刊及印本期刊元数据集、期刊论文及图表元数据集、科研项目元数据集以及个人作者元数据集的元素及修饰词设置。本标准确立了期刊、期刊论文、期刊中析出的图或表、参考文献、个人作者、科研项目等描述对象间的关系。

本标准适用于基于原生电子期刊、数字化电子期刊以及印本期刊创建的期刊书目数据库或全文数据库。本标准不对电子期刊的技术信息做专门规定。

【主要内容】

本标准正文包括 9 部分内容，分别是：范围，规范性引用文件，术语和定义，元数据设计原则，描述单位，描述对象间的关系，期刊元数据集内容，元素及修饰词的定义属性，元素与修饰词设置。其中，描述对象间的关系部分给出了期刊、期刊论文等关系框架图，并对从属关系、继承关系、创建关系、资助关系和引用关系给出说明。期刊元数据集内容部分对电子期刊及印本期刊、期刊论文及图表、科研项目、个人作者元数据集的元素和修饰词列表给出说明。元素及修饰词的定义属性部分通过名称、标签、定义、注释、术语类型、数据类型、必备性及可重复性这几个属性对元素及修饰词进行定义。元素与修饰词设置部分对每个元素及元素修饰词给出规范。本标准有 2 个资料性附录。附录 A《期刊描述型元数据示例》对期刊、期刊卷期等 7 个描述型元数据给出示例。附录 B《文献类型和文献载体标识代码》列出了文献类型和标识代码及电子资源载体和标识代码。

【修订情况】

无。

GB/T 35660.1－2017 信息与文献 图书馆射频识别(RFID) 第1部分：数据元素及实施通用指南

【标 准 号】GB/T 35660.1－2017

【标准名称】信息与文献 图书馆射频识别(RFID) 第1部分：数据元素及实施通用指南

【采标情况】ISO 28560－1：2014，MOD

【发布时间】2017年12月29日

【实施时间】2017年12月29日

【起草单位】国家图书馆、深圳图书馆、浙江图书馆、清华大学图书馆、北京大学图书馆、中国电子技术标准化研究院、汕头大学图书馆、中国物品编码中心

【起 草 人】孙一钢、董曦京、申晓娟、秦格辉、田颖、刘晓清、姜爱蓉、聂华、杨明华、耿力、王毅、姜国强

【适用范围】

本标准是 GB/T 35660《信息与文献 图书馆射频识别(RFID)》系列标准的第1部分。本部分规定了适用于各种类型图书馆，包括国家图书馆、学术图书馆、公共图书馆、企业图书馆、专业图书馆及学校图书馆需要的馆藏射频识别(RFID)标签使用模型。本部分提供的框架，用于确保交换带有 RFID 标签的馆藏的图书馆间的互操作，保证图书馆从不同供应商采购或更新设备的自主性，以及供应商角度的单个 RFID 应用的互操作性。本部分规定了一个数据元素集及实施通用指南，给出了馆藏安全、细则、隐私、实施、迁移、标签设计、RFID 标签位置的指南，规定了数据模型、系统数据元素、用户数据元素。

【主要内容】

本标准正文包括11部分内容，分别是：范围，规范性引用文件，术语和定义，用户数据元素，系统数据元素，数据安全及完整性工具，区域及业务细则，隐私问题，实施与迁移，标签设计与标签粘贴位置，标准的执行。其中，用户数据元素部分列表给出了 GB/T 35660 中定义的用户数据元素，并在用户数据元素使用一节中对适用于我国图书馆业界所属机构(ISIL)代码的格式进行了规范定义。系统数据元素部分对系统数据元素与用户数据的对应、图书馆识别与馆藏安全系统数据元素给出规范。标准的执行部分对 GB/T 35660 系列标准实施后频段与数据模型问题、图书馆射频识别(RFID)应用中涉及的多重解决方案技术性问题进行了补充说明。本标准包括6个附录。附录 A《ISO 28560 图书馆 RFID 相关信息》为资料性附录，给出了 ISO 28560 的信息更新站点。附录 B《RFID 标签唯一性》为资料性附录，图示给出了 RFID 标签物品的唯一

性事务关联关系。附录 C《应用类别代码值(十六进制)》为规范性附录，给出了应用类别代码数据元素(主限定符/次限定符)的代码值。附录 D《用于供应商标识符的国家前缀》为资料性附录，推荐了供应商的标识符格式。附录 E《防盗系统的互操作特性》为资料性附录，给出实现馆藏防盗的 3 种选择，并对馆际互借中的互操作事项给出说明。附录 F《对 ISO 15511：2009 ISIL 图书馆及相关组织国际标准化标识符的参照性引用》为资料性附录，给出了 ISO 15511：2009 ISIL 的规范定义。

【修订情况】

无。

GB/T 35660.2－2017 信息与文献 图书馆射频识别(RFID) 第 2 部分：基于 ISO/IEC 15962 规则的 RFID 数据元素编码

【标 准 号】GB/T 35660.2－2017

【标准名称】信息与文献 图书馆射频识别(RFID) 第 2 部分：基于 ISO/IEC 15962 规则的 RFID 数据元素编码

【采标情况】ISO 28560-2：2014，MOD

【发布时间】2017 年 12 月 29 日

【实施时间】2018 年 7 月 1 日

【起草单位】国家图书馆、深圳图书馆、浙江图书馆、清华大学图书馆、北京大学图书馆、中国电子技术标准化研究院、汕头大学图书馆、中国物品编码中心

【起 草 人】孙一钢、秦格辉、申晓娟、董曦京、田颖、刘晓清、姜爱蓉、聂华、耿力、杨明华、王毅、姜国强

【适用范围】

本标准是 GB/T 35660《信息与文献 图书馆射频识别(RFID)》系列标准的第 2 部分。本部分规定了适合各种类型的图书馆需要的馆藏射频识别(RFID)标签使用的数据模型和编码规则。本部分依据 ISO/IEC 15962 定义了 GB/T 35660.1 中所定义的数据元素编码所要求的技术特性。这些数据元素子集在同一个图书馆内针对不同馆藏可以不同。编码规则也允许可选数据以任意顺序组织在 RFID 标签中，并提供灵活的变长和变格式数据编码。本部分提供了基于标准的有关 RFID 在图书馆应用的必要信息。

【主要内容】

本标准正文包括 10 部分内容，分别是：范围，规范性引用文件，术语和定义，适用性及与其他系统的关系，要求，数据元素，数据编码，RFID 标签要求，数据完整性和安全性，实现和迁移。其中，适用性及与其他系统的关系部分用图给出了本标准规范的内容与外部物流、馆际互借等其他系统的关系。要求部分对数据元素、RFID 空中接口、数据协议和 RFID 读写器给出规范要求。数据编码部分对数据协议、数据组件、ISO/IEC 15961-1 指令及应答、ISO/IEC 15962 编码规则给出详细规范。RFID 标签要求部分从空中接口协议、位和字节顺序、空中接口一致性和性能 4 方面提出规范要求。本标准有 6 个附录。附录 A《关于 ISO 28560 图书馆 RFID 应用的资料》为资料性附录，给出了 ISO 28560 的更新站点信息。附录 B《ISO/IEC 15961-1 相关应用指令》为规范性附录，定义了与 ISO/IEC 18000-3 模式 1 RFID 标签相关的 ISO/IEC 15961-1 指令列表。附录 C《ISIL 预编码》为规范性附录，给出了 ISIL 编码方案的编码表、控制字符使用、编码规则、ISO/IEC 15962 压缩方案声明、通用或应用指定的 ISO/IEC 15962 编码器/

解码器的使用，并给出编码实例。附录 D《编码示例》为资料性附录，给出了遵循本标准的假想数据元素集编码实例。附录 E《实现和迁移》为资料性附录，给出最新 RFID 的实现方法、采用 ISO/IEC 18000-3 模式 1 RFID 标签实现方法，以及使用其他 RFID 标签系统实施迁移的方法。附录 F《ISO/IEC 15962 数据压缩规则》为规范性附录，对整型数压缩、数字压缩、5 比特压缩、6 比特压缩、7 比特压缩、八位编码和压缩模式支持的 GB/T 1988 字符的内容进行规范。

【修订情况】

无。

GB/T 35661－2017　图书冷冻杀虫技术规程

【标　准　号】GB/T 35661－2017

【标准名称】图书冷冻杀虫技术规程

【采标情况】无

【发布时间】2017 年 12 月 29 日

【实施时间】2018 年 7 月 1 日

【起草单位】国家图书馆、中央档案馆、甘肃省图书馆、广西壮族自治区图书馆、四川省档案局、中国电影资料馆

【起　草　人】孟晓红、周崇润、薛文辉、李婧、赵鹏、何谋忠、区捷、方秋生、张安

【适用范围】

本标准规定了图书冷冻杀虫的技术条件、操作方法和安全防护要求。本标准适用于各类图书馆、档案馆以及其他文献收藏单位的纸质图书冷冻杀虫。

【主要内容】

本标准正文包括 9 部分内容，分别是：范围，规范性引用文件，术语和定义，原理，图书冷冻杀虫的技术条件，一般要求，组合冷库，操作要求，安全防护。其中，图书冷冻杀虫的技术条件部分对冷冻温度和冷冻时间、图书被冷冻的状态给出细致规范。一般要求部分对图书冷冻杀虫的专用制冷设备等给出一般性要求。组合冷库部分对用于冷冻杀虫的组合冷库应具备的质量和性能给出规范要求。操作要求部分对图书冷冻杀虫作业的操作流程进行规范。安全防护部分对图书冷冻杀虫操作中的安全性问题给出要求。本标准有 2 个资料性附录。附录 A《图书害虫的低温致死温度及对应的时间》列表给出各虫种、虫态的低温致死温度及对应时间。附录 B《图书冷冻杀虫效果》列表给出了不同害虫、虫态、图书放置方式、早样位置、冷冻时间和死亡率数据。

【修订情况】

无。

GB/T 35662－2017 古籍函套技术要求

【标　准　号】GB/T 35662－2017

【标准名称】古籍函套技术要求

【采标情况】无

【发布时间】2017 年 12 月 29 日

【实施时间】2018 年 7 月 1 日

【起草单位】国家图书馆、天津图书馆、中山大学

【起　草　人】龙堃、陈红彦、周崇润、林明、万群、田周玲、易晓辉、张铭

【适用范围】

本标准规定了制作古籍函套所用材料的技术要求、试验方法和标志、包装、运输、贮存等。本标准适用于各文献收藏单位。其他存放古籍的书套和书盒也可以参照使用。

【主要内容】

本标准正文包括 7 部分内容，分别是：范围，规范性引用文件，术语和定义，基本要求，技术要求，试验方法，标志、包装、运输、贮存。其中，技术要求部分从外观和工艺、纸和纸板、纺织品、胶粘剂、金属材料、函套别子、题签 7 个方面对函套的制作给出要求。试验方法部分对纸和纸板碱储量、卡伯值等 8 项指标的测定给出检测依据。本标准有 1 个规范性附录，附录 A《纸和纸板颜色渗透性测试及荧光检测方法》对检测方法、试验步骤、结果评定给出要求。

【修订情况】

无。

二、行业标准部分

JGJ 38—2015　图书馆建筑设计规范

【标　准　号】JGJ 38—2015

【标准名称】图书馆建筑设计规范

【采标情况】无

【发布时间】2015 年 8 月 28 日

【实施时间】2016 年 5 月 1 日

【起草单位】中国建筑西北设计研究院有限公司、清华大学建筑学院、东南大学建筑学院、国家图书馆、上海图书馆、陕西省图书馆

【起　草　人】李建广、赵元超、马晓东、刘绍周、许懋彦、张昕、龚恺、鲍莉、孙一钢、程慕伊、徐大平、王研、季伟、赵民、杨德才、王国光、张涓笑

【适用范围】

本标准适用于新建、扩建和改建的图书馆建筑设计。

【主要内容】

本标准正文包括 8 部分内容，分别是：总则，术语，基地和总平面，建筑设计，文献资料防护，防火设计，室内环境，建筑设备。本标准的第 6.1.2、6.1.3、6.2.1、6.2.2 条为强制性条文，必须严格执行。总则部分主要对标准制定的目的、作用、适用范围进行了详细说明。术语部分主要规定了本标准涉及的相关术语的概念。基地和总平面部分对图书馆建筑的基地要求和总平面要求进行了详细说明。建筑设计部分详细描述了书库、阅览室（区）、检索和出纳空间、公共活动和辅助服务空间、行政办公、业务及技术设备用房的设计要求。文献资料防护部分对文献资料防护的内容进行了简要说明，如保温、隔热、温度和湿度要求、防水、防潮、防尘、防有害气体、防阳光直射和紫外线照射、防磁、防静电、防虫、防鼠、消毒和安全防范等。防火设计部分

主要规定了图书馆建筑的耐火等级、防火分区及建筑构造、消防设施和安全疏散等问题。室内环境部分规定了图书馆建筑室内的光环境和声环境。建筑设备部分主要对图书馆建筑的给排水系统、采暖通风系统、电路系统、网络系统等内容进行了详细说明。本标准有 2 个附录。附录 A《书库容书量设计估算指标》，给出了书库每标准书架容书量设计估算指标和书库单位使用面积容书架量设计计算指标。附录 B《阅览室每座占使用面积设计计算指标》，给出了不同阅览室每座占使用面积设计计算指标。本规范用词说明部分举例说明了本标准条文中要求严格程度不同的用词及其规范写法。引用标准名录部分列出了本标准制定过程中参考引用的标准。条文说明部分则对本标准中的具体条文进行了全面细致的权威解读。

【修订情况】

本标准代替 JGJ 38－99。与 JGJ 38－99 相比，本标准的主要变化如下：

——修改适用范围，删除了不适用的规定；

——增加并修改部分术语；

——增加无障碍设计的有关内容；

——补充图书馆部分新的功能空间；

——补充、修改防火的相关内容；

——增加室内环境的有关内容及规定；

——增加智能化和节能的有关内容及规定；

——对部分经济指标进行修订。

建标[2008]74 号 公共图书馆建设用地指标

【标 准 号】建标[2008]74 号

【标准名称】公共图书馆建设用地指标

【采标情况】无

【发布时间】2008 年 4 月 16 日

【实施时间】2008 年 6 月 1 日

【起草单位】中国城市规划设计研究院

【起 草 人】鹿勤、张全、徐会夫、张永波、杜宝东、王纯、高世明

【适用范围】

本标准适用于我国公共图书馆的新建、改建和扩建工程，以及公共图书馆的规划布局。规模较小的县、街道、社区或村镇，公共图书馆建设可参照本标准执行。

【主要内容】

本标准正文包括 4 部分内容，分别是：总则，节约和合理用地的基本规定，基本术语，建设用地指标。其中，总则部分主要对标准制定的原因、意义、适用范围，以及与其他有关建设和土地管理法律法规和标准规范的关系进行了详细说明。节约和合理用地的基本规定部分主要规定了公共图书馆建设应综合考虑的因素、与其他城乡公共文化设施的关系、公共图书馆的布局、公共图书馆的总平面布置、公共图书馆改扩建项目对原有土地和设施的使用情况。基本术语部分对公共图书馆、服务半径、服务人口、公共图书馆体系等概念的内涵和外延逐一进行了清晰明确的界定。建设用地指标部分主要对公共图书馆建设的分类与用地构成、设置与选址原则、建设用地控制指标等内容进行了系统阐述。其后的《公共图书馆建设用地指标用词说明》给出了本标准条文中要求严格程度不同的用词说明。《附加说明》详细罗列了本标准的主编单位及主要起草人。附件《公共图书馆建设用地指标条文说明》则对本标准中的具体条文进行了全面细致的权威解读。

【修订情况】

无。

建标 108—2008 公共图书馆建设标准

【标 准 号】建标 108 2008

【标准名称】公共图书馆建设标准

【采标情况】无

【发布时间】2008 年 8 月 28 日

【实施时间】2008 年 11 月 1 日

【起草单位】中国图书馆学会

【起 草 人】詹福瑞、李国新、冯守仁、朱为振、邓菊英、尹岚宁、刘志学、汤更生、张广钦、洪森、富平、程亚男

【适用范围】

本标准适用于县级以上行政区域内新建、改建和扩建的公共图书馆。街道、乡镇、新建居民区公共图书馆的建设参照本标准执行。

【主要内容】

本标准正文包括 5 部分内容，分别是：总则，规模分级、项目构成与选址，总建筑面积和分项面积，总体布局与建设要求，建筑设备。其中，总则部分主要对标准制定的目的、意义、适用范围、建设原则、与其他有关强制性标准和规定的关系等内容进行了系统说明。规模分级、项目构成与选址部分主要规定了公共图书馆的建设规模、建设内容和选址要求等。总建筑面积和分项面积部分主要对公共图书馆总建筑面积及相应的总藏书量、总阅览座位数量，以及各类用房使用面积比例进行了量化规定。总体布局与建设要求部分明确规定了公共图书馆功能设计、总平面布置、交通流线、安全防范、室内装修等内容。建筑设备部分主要对公共图书馆建筑室内外给排水、室内温度和湿度、电气系统、信号系统、网络系统、安全防盗装置等内容进行了详细说明。标准有 1 个附录。附录一《公共图书馆用房项目设置表》对公共图书馆内的藏书区、借阅区、咨询服务区、公共活动与辅助服务区、业务区、行政办公区、技术设备区和后勤保障区的规模和内容进行了具体规定。《公共图书馆建设标准用词用语说明》给出了本标准条文中要求严格程度不同的用词及说明。本标准附件《公共图书馆建设标准条文说明》，对本标准中的各款条文进行了全面、细致的权威解读。

【修订情况】

无。

建标 160—2012　乡镇综合文化站建设标准

【标　准　号】建标 160—2012

【标准名称】乡镇综合文化站建设标准

【采标情况】无

【发布时间】2012 年 3 月 23 日

【实施时间】2012 年 5 月 1 日

【起草单位】中国图书馆学会

【起　草　人】冯守仁、石振怀、朱为振

【适用范围】

本标准适用于政府在乡镇一级行政单位新建、改建和扩建的乡镇综合文化站。街道综合文化站和其他文化站的建设可参照本建设标准执行。

【主要内容】

本标准正文包括 4 部分内容,分别是:总则,建设规模、项目构成与选址,建筑面积指标,建筑标准与建筑设备。其中,总则部分主要对标准制定的目的、意义、适用范围、建设要求、建设原则,以及与其他相关法律法规和标准规范的关系进行了详细规定。建设规模、项目构成与选址部分主要对乡镇综合文化站的建设规模、建设内容、房屋建筑、室外场地、建筑设备、选址要求等问题进行了规范。建筑面积指标部分详细罗列了文化馆建筑面积控制指标、各类功能用房使用面积比例和建设用地控制指标。建筑标准与建筑设备部分主要明确了乡镇综合文化站的外观建筑造型、室内外环境设计、给排水系统、采暖空调系统、电气系统和网络系统。本标准有 2 个附录。附录一《乡镇综合文化站建设用房项目设置》,对不同规模乡镇综合文化站建设用房项目,如:文化体育活动用房、书刊阅览用房、教育培训用房、网络信息服务用房、管理和辅助用房进行了明确限定。附录二《乡镇综合文化站专用设备、器材配置》,对乡镇综合文化站专用设备、器材的类型及细目进行了系统划分。《本建设标准用词和用语说明》给出了本标准条文中要求严格程度不同的用词及说明。附件《乡镇综合文化站建设标准条文说明》,对本标准中的具体条文进行了全面、细致的权威解读。

【修订情况】

无。

WH 0502—96　公共图书馆建筑防火安全技术标准

【标　准　号】WH 0502—96

【标准名称】公共图书馆建筑防火安全技术标准

【采标情况】无

【发布时间】1996 年 2 月 6 日

【实施时间】1996 年 7 月 1 日

【起草单位】北京图书馆

【起　草　人】金志舜、罗淑莲、王铭珍

【适用范围】

本标准适用于各类综合性公共图书馆的新建、改建和扩建工程及其附属设备和专用设备的防火安全技术。学校图书馆、科研及各种专业图书馆（室）、其它各类型图书馆（室）可参照执行。

【主要内容】

本标准遵照国家的有关方针政策和"预防为主，防消结合"的消防工作方针，为保障图书馆馆舍、馆藏书刊资料及工作人员和读者的安全，结合我国图书馆的实际情况而制定。

本标准规定图书馆建筑高度与对应执行的标准。其正文共包括 10 部分内容，分别是：范围，引用标准，建筑分类和耐火极限，建筑基地、总平面和平面布置，防火分区和建筑构造，安全疏散和消防电梯，消防给水和固定灭火装置，防烟、排烟和通风、空气调节，电气，室内装饰。其中，建筑分类和耐火极限部分主要依据使用性质、火灾危险性、火灾发生后的损失、疏散和扑救难度等，将综合性公共图书馆划分为一、二、三类建筑物，并规定建筑构件的燃烧性能和耐火极限。建筑基地、总平面和平面布置部分主要规定了图书馆建筑基地的选择、图书楼与其他建筑间的防火间距、消防车道设置，以及建筑内部各空间的平面布置。防火分区和建筑构造部分主要对图书馆建筑内各区域的防火分区隔间建筑面积，以及防火墙、防火门、消防控制室等的布局进行了说明。安全疏散和消防电梯部分主要介绍了图书馆建筑内的安全出入口、疏散楼梯、疏散距离及消防电梯的相关事项。消防给水和固定灭火装置部分主要对室内外消防水池、消火栓、消防给水管道、消防水泵的给水量和气体自动灭火系统、自动喷水灭火系统进行了明确说明。防烟、排烟和通风、空气调节部分规定了图书馆建筑内应设的防烟排烟设施、通风排风系统和空气调节系统。电气部分说明了建筑内的消防用电设备及其配电、火灾应急照明和疏散指示标志灯、火灾自动报警装置、消防控制室等内容。室内装饰部分介绍了建筑内装修材料的选择、类型、燃烧性能等内容。本标准有 2 个附录。附录 A 对本标准中涉及的相关术语内容逐一进行了解释说明。附录 B 举例说明了本标准条文中要求严格程度不同的用词及其规范写法。

【修订情况】

无。

WH/T 20—2006 古籍定级标准

【标 准 号】WH/T 20—2006

【标准名称】古籍定级标准

【采标情况】无

【发布时间】2006 年 8 月 5 日

【实施时间】2006 年 10 月 1 日

【起草单位】国家图书馆、上海图书馆、首都图书馆、天津图书馆、南京图书馆、浙江图书馆、辽宁省图书馆、山东省图书馆、陕西省图书馆

【起 草 人】李国庆、李致忠

【适用范围】

本标准规定了古籍基本术语和定义，以及古籍的级别和等次。本标准的适用范围：全国各级各类型图书馆、博物馆等单位的古籍保护、整理和利用工作，同时可供出版、教学、科研及国内外相关业务单位使用。

【主要内容】

本标准正文共包括 3 部分内容，分别是：范围，术语和定义，定级标准。其中，定级标准部分主要对一、二、三、四级古籍的等级划分标准进行了详细阐述。

本标准的定级对象是汉文古籍。全国现存其他特种古代文献，如甲骨、简策、帛书、敦煌遗书、金石拓本、舆图、书札、鱼鳞册、契约、文告、少数民族语文图书，以及域外翻刻、抄写的中国古籍，如和刻本、高丽本等，不在本定级范围内。

【修订情况】

无。

WH/T 21—2006　古籍普查规范

【标 准 号】WH/T 21—2006

【标准名称】古籍普查规范

【采标情况】无

【发布时间】2006 年 8 月 5 日

【实施时间】2006 年 10 月 1 日

【起草单位】国家图书馆、首都图书馆、天津图书馆、辽宁省图书馆、山东省图书馆、上海图书馆、浙江图书馆、南京图书馆、陕西省图书馆

【起 草 人】苏品红

【适用范围】

本标准规定了古籍普查内容、人员条件和工作要求。本标准适用于各类型图书馆的古籍普查工作。

【主要内容】

本标准正文共包括 4 部分内容，分别是：范围，规范性引用文件，古籍普查工作要求，古籍普查人员条件。其中，古籍普查工作要求部分主要对总则，数据标识号，书目、级别，书影，破损记录，库房环境及管理等内容进行了详细说明。古籍普查人员条件部分明确规定了担任古籍普查工作的人员应具有的专业知识和古籍编目工作经验。

【修订情况】

无。

WH/T 22—2006 古籍特藏破损定级标准

【标　准　号】WH/T 22—2006

【标准名称】古籍特藏破损定级标准

【采标情况】无

【发布时间】2006 年 8 月 5 日

【实施时间】2006 年 10 月 1 日

【起草单位】国家图书馆、首都图书馆、上海图书馆、天津图书馆、辽宁省图书馆、山东省图书馆、浙江图书馆、南京图书馆、陕西省图书馆

【起　草　人】张平、杜伟生、王清原、徐忆农、杨晓黎

【适用范围】

本标准规定了古籍特藏各类破损的定级办法。本标准适用于有古籍特藏收藏的各类型图书馆。

【主要内容】

本标准正文共包括 8 部分内容，分别是：范围，规范性引用文献，术语和定义，一级破损，二级破损，三级破损，四级破损，五级破损。其中，一级破损、二级破损、三级破损、四级破损、五级破损部分分别对古籍特藏各破损级别的定级方法进行了定量和定性说明。

【修订情况】

无。

WH/T 43—2012 图书馆 射频识别 数据模型 第1部分：数据元素设置及应用规则

【标 准 号】WH/T 43—2012

【标准名称】图书馆 射频识别 数据模型 第1部分：数据元素设置及应用规则

【采标情况】无

【发布时间】2012年3月23日

【实施时间】2012年6月1日

【起草单位】国家图书馆、深圳图书馆、中国电子技术标准化研究所、北京大学图书馆、汕头大学图书馆、浙江图书馆、南京图书馆、中科院文献情报中心、上海图书馆、杭州图书馆

【起 草 人】孙一钢、申晓娟、董曦京、秦格辉、王迎霞、田颖、王林、聂华、王文峰、夏海、吴政、刘晓清、宋文、杨明华、寿晓辉

【适用范围】

本标准提出的数据元素、数据模型被用于与本标准相关联的第2部分：基于ISO/IEC 15962的数据元素编码方案。

本标准提出了中华人民共和国行政区划内各级各类图书馆及相关机构RFID技术应用中共同采用的标签用户数据元素、标签系统参数设置及应用规则。

【主要内容】

本标准正文包括9部分内容，分别是：范围，规范性引用文件，术语和定义，用户数据元素，系统数据元素，数据安全及完整性工具，区域及业务细则，隐私问题，标准的执行。其中，用户数据元素部分主要描述了本标准定义的用户数据元素及其使用与维护。系统数据元素部分主要对图书馆中用于识别及馆藏安全的系统数据元素进行了详细说明，包括应用族标识符（AFI）、数据存储格式标识符（DSFID）、标签唯一标识符（UID）、物品电子安保（EAS）。数据安全及完整性工具部分主要说明了一种安全工具——标签数据锁定。区域及业务细则部分给出了数据元素应用细则、区域细则、行业细则的规范。隐私问题部分对读者与图书馆之间的隐私法律问题进行了描述。标准的执行部分则对本标准颁布后的执行遵守情况进行了明确说明。本标准有3个附录。附录A《RFID标签（标识）唯一化》为资料性附录，用同心圆图展示了4个与带有标签物品唯一化标识事务相关的集合体。附录B《对ISO 15511—2009 ISIL（图书馆及相关组织国际标准化标识符）的参照性引用》为资料性附录，描述了本标准对ISIL的引用情况。附录C《应用类别 代码》为规定性附录，列表说明了主标识、类别、子类及用途。

【修订情况】

无。

WH/T 44—2012　图书馆　射频识别　数据模型
第 2 部分：基于 ISO/IEC 15962 的数据元素编码方案

【标　准　号】WH/T 44—2012

【标准名称】图书馆　射频识别　数据模型　第 2 部分：基于 ISO/IEC 15962 的数据元素编码方案

【采标情况】无

【发布时间】2012 年 3 月 23 日

【实施时间】2012 年 6 月 1 日

【起草单位】国家图书馆、深圳图书馆、中国电子技术标准化研究所、北京大学图书馆、汕头大学图书馆、浙江图书馆、南京图书馆、中科院文献情报中心、上海图书馆、杭州图书馆

【起　草　人】孙一钢、申晓娟、董曦京、秦格辉、王迎霞、田颖、王林、聂华、王文峰、夏海、吴政、刘晓清、宋文、杨明华、寿晓辉

【适用范围】

本标准定义了图书馆的射频识别数据模型、数据元素存储规则及编码方案，以满足各种类型图书馆(如大学图书馆、公共图书馆、企业图书馆、专业图书馆、中小学图书馆等)应用 RFID 技术来管理图书馆的需要。本标准提出了基于 ISO/IEC 15962 的编码规则，可对 WH/T 44《图书馆　射频识别　数据模型》第 1 部分所定义的数据元素进行选择性使用。

【主要内容】

本标准正文包括 8 部分内容，分别是：范围，规范性引用文件，术语和定义，标准约束，数据元素，数据编码，RFID 标签要求，数据完整性、安全性。其中，标准约束部分主要对 RFID 空中接口、数据协议、RFID 读写器等内容进行了系统说明。数据元素部分主要规定了各个用户数据元素的 OID、名称、状态、内容格式及锁定方式。数据编码部分主要说明了编码协议、数据组件、ISO/IEC 15961-1 指令及应答、ISO/IEC 15962 编码规则等内容。RFID 标签要求部分主要对空中接口协议和空中接口一致性及标签性能进行了清晰描述。数据完整性、安全性部分主要说明了数据完整性及馆藏安全，馆藏安全中又涉及 AFI 的应用、唯一标签标识符的应用、EAS 功能的应用。本标准有 4 个附录。附录 A《ISO/IEC 15961-1 相关应用指令》为资料性附录，对配置 AFI、配置 DSFID、点检标签等 11 个应用指令进行了简要说明。附录 B《ISIL 预编码》为资料性附录，主要规定了 ISIL 编码的数据结构、控制字符、编码规则等内容，并给出了编码实例。附录 C《ISO/IEC 15962 数据压缩模式》为资料性附录，介绍了整形

数压缩、数字压缩、5-bit 压缩、6-bit 压缩、7-bit 压缩、八位编码及压缩模式支持的 ISO/IEC 646 字符等。附录 D《编码实例》为资料性附录，给出了遵循本标准编码的假想数据，用以详细描述编码步骤。

【修订情况】

无。

WH/T 45—2012　文本数据加工规范

【标　准　号】WH/T 45—2012

【标准名称】文本数据加工规范

【采标情况】无

【发布时间】2012 年 8 月 6 日

【实施时间】2012 年 12 月 1 日

【起草单位】国家图书馆、中国科学院文献情报中心、贵州省图书馆

【起　草　人】李晓明、龙伟、赵四友、李成文、朱云、张建勇、周静怡、刘梅、糜翔

【适用范围】

本标准规定了文本数据加工应遵循的技术规范。本标准针对以文字为主要表达形式，可存在少量图表的文本文献(不包括古籍善本、手稿等特殊文献)的数据加工制定。加工对象可以是一般印刷型文献，也可以是印刷型文献经过数字转换后的图像文件。本标准适用于图书馆、博物馆、档案馆、文献信息中心等文本文献收藏部门，也适用于其他从事文本数据加工的相关机构。

【主要内容】

本标准正文包括 12 部分内容，分别是：范围，规范性引用文件，术语和定义，内容编码标准，存储格式，内容标记，加工准备，文本制作，元数据加工，文件命名，数据保存，质量管理。其中，内容编码标准部分主要对文本内容编码标准的标准编号、标准名称和内容进行了系统说明。存储格式部分主要规定了 XML 格式、TXT 格式、PDF 格式、HTML 格式等内容。内容标记部分主要列举了文本数据加工过程中应标记的信息内容。加工准备部分对文本数据加工中应具备的硬件环境、软件环境、安全保障、加工对象、文献保护等内容进行简要介绍。文本制作部分说明了文本制作方式、文本录入、光学字符识别等相关问题。元数据加工部分主要对元数据著录、数据关联、数据封装等进行了说明。文件命名部分规定了文本数据文件命名的基本要求、命名方案、目录结构。数据保存部分阐释了数据的保存方式、数据检查及数据维护等内容。质量管理部分描述了文本数据数字化加工过程中的质量控制及加工完成后的文本数据应满足的要求。

【修订情况】

无。

注：根据文科技〔2017〕84 号，该标准于 2017 年 2 月 10 日废止。

WH/T 46—2012　图像数据加工规范

【标 准 号】WH/T 46—2012

【标准名称】图像数据加工规范

【采标情况】无

【发布时间】2012 年 10 月 25 日

【实施时间】2012 年 12 月 1 日

【起草单位】国家图书馆、北京大学图书馆、福建省图书馆

【起 草 人】龙伟、李晓明、李志尧、陈月婷、宋姝、唐勇、陈顺

【适用范围】

本标准规定了文献实物、原生图像数字资源和派生图像数字资源的数字化加工的技术标准和工作规范。本标准适用于图书馆、博物馆、档案馆、情报信息中心等文献收藏部门进行数字化加工图像数据，包括数据采集、编码转换、编辑处理、元数据著录及数字对象保存管理等。

【主要内容】

本标准正文包括 12 部分内容，分别是：范围，规范性引用文件，术语和定义，格式编码，内容标记，加工技术标准，加工准备，元数据加工，图像编辑处理，数据保存，质量控制，命名要求。其中，格式编码部分主要对图像数据的编码格式进行了简要说明，如 PDF、TIFF、JPEG、JPEG2000、RAW、GIF 等。内容标记部分主要规定了图像数据数字化应标记的信息内容项目。加工技术标准部分主要规范了平面型文献的数字化加工标准、实物型文献（平面成像）的数字化加工标准及原生数字图像资源存储格式。加工准备部分主要对图像数据加工之前的准备工作提出了要求，如文献前整理、文献保护及数字化设备。元数据加工部分描述了元数据著录、数据关联、数据封装等内容。图像编辑处理部分主要对处理方法、处理项目等进行了详细说明。数据保存部分描述了数据长期保存的技术方法和保存介质。质量控制部分主要对图像数据数字化加工的色彩管理和质量要求进行了系统说明。命名要求部分主要规定了图像数据名称应当符合的具体要求。

【修订情况】

无。

注：根据文科技〔2017〕84 号，该标准于 2017 年 2 月 10 日废止。

WH/T 47—2012　图书馆数字资源统计规范

【标　准　号】WH/T 47—2012

【标准名称】图书馆数字资源统计规范

【采标情况】无

【发布时间】2012 年 10 月 25 日

【实施时间】2012 年 12 月 1 日

【起草单位】国家图书馆、文化部全国文化信息资源建设管理中心、安徽省图书馆

【起　草　人】申晓娟、吕淑萍、韩新月、冷熠、韩超、李丹、王丽华、许俊松

【适用范围】

本标准构建了图书馆数字资源统计指标体系，对数字资源相关术语、数字资源体系、统计指标和统计方法做出了明确界定。本标准适用于图书馆数字资源的馆藏、服务、设施和经费统计。

【主要内容】

本标准正文包括 6 部分内容，分别是：范围，规范性引用文件，术语和定义，数字资源统计指标体系，数字资源统计数据采集，数字资源统计管理。其中，数字资源统计指标体系部分主要对指标体系构建原则、数字馆藏统计指标、数字资源服务统计指标、数字资源相关设施统计指标及数字资源经费统计指标等内容进行了系统说明。数字资源统计数据采集部分主要规定了数字馆藏统计、数字资源服务统计、数字资源相关设施统计及数字资源经费统计等的采集原则、采集数量。数字资源统计管理部分主要规范了统计周期、统计报表、统计数据管理等内容。本标准有 4 个附录，其中附录 A、B、C 均为规范性附录，附录 D 为资料性附录。附录 A《数字资源描述指标》规定了数字资源描述指标体系。附录 B《进一步统计分析用类目》给出了数字资源描述指标进一步细分的类目。附录 C《主要的内容单元类型及计量单位》规范了数据库主要内容单元的计量单位。附录 D《数字资源统计报表示例》列举了数字馆藏统计报表、数字资源服务统计报表、数字资源相关设施总况统计报表和数字资源经费总况统计报表的示例。

【修订情况】

无。

WH/T 48—2012 数字对象唯一标识符规范

【标 准 号】WH/T 48—2012

【标准名称】数字对象唯一标识符规范

【采标情况】无

【发布时间】2012 年 8 月 6 日

【实施时间】2012 年 12 月 1 日

【起草单位】中国科学院国家科学图书馆、国家图书馆、首都图书馆

【起 草 人】孙坦、宋文、周静怡、贺燕、韩超、张娟、王炜

【适用范围】

　　本标准规定了数字对象唯一标识符系统(简称 CDOI)的体系框架、语法规则、命名规则、解析规则、管理规则和扩展规则。CDOI 名称用于标识文化行业的数字对象、物理对象、抽象对象(如作品、概念)、虚拟网络资源对象以及元数据对象。

【主要内容】

　　本标准正文包括 10 部分内容,分别是:范围,规范性引用文件,术语和定义,CDOI 体系框架结构,语法规则,命名规则,元数据规则,管理规则,解析规则,扩展规则。其中,CDOI 体系框架结构部分主要给出了 CDOI 系统的体系框架结构图及其说明。语法规则部分主要对 CDOI 的一般规则、前缀、后缀、显示、字符集与编码规定等内容进行了规范。命名规则部分主要规定了 CDOI 的分配范围、对象粒度、标识符唯一性和标识符持久性。元数据规则部分主要阐述了对 CDOI 系统元数据的要求。管理规则部分主要对 CDOI 系统的管理体系及系统中的角色和任务进行了简要说明。解析规则部分主要规定了解析过程的一般规则及简单解析、多重解析、反向解析等规则。扩展规则部分主要描述了 CDOI 名称扩展规则及 CDOI 与其他标识符方案的应用借鉴。本标准有 4 个附录。附录 A《CDOI 元数据》为规范性附录,将 CDOI 元数据规范划分为描述型元数据和管理型元数据,并列表对各元素进行说明。附录 B《结构类型词汇》为规范性附录,对用于标识 CDOI 元数据中的结构类型元素的词汇进行了说明。附录 C《CDOI 名称中的保留字》为资料性附录,用表格形式描述了 CDOI 名称中含有 URI 定义的保留字及其对应的十六进制编码。附录 D《CDOI 管理框架、角色和任务》为资料性附录,说明了 CDOI 的管理框架、管理角色和任务。

【修订情况】

　　无。

WH/T 49—2012　音频数据加工规范

【标　准　号】WH/T 49—2012

【标准名称】音频数据加工规范

【采标情况】无

【发布时间】2012 年 8 月 6 日

【实施时间】2012 年 12 月 1 日

【起草单位】北京大学图书馆、国家图书馆、新疆维吾尔自治区图书馆

【起　草　人】聂华、朱本军、宋庆生、龙伟、王文玲、李华伟、王曙光

【适用范围】

本标准规定了音频数字化加工的规格和基本工作规范，包括模拟音频资源和数字音频资源的加工准备、内容采集与转换、文件参数规格、后期编辑与处理、元数据著录、信息封装、保存与存储、文件命名和质量控制。本标准适用于图书馆音频数据加工，其他文献信息机构音频数据加工可参考使用。

【主要内容】

本标准正文包括 12 部分内容，分别是：范围，规范性引用文件，术语和定义，加工准备，内容采集与转换，文件参数规格，后期编辑与处理，元数据著录，信息封装，保存与存储，文件命名，质量控制。其中，加工准备部分主要对音频数据加工之前的相关准备工作进行了简要说明。内容采集与转换部分主要规定了音频数据加工时的数据整体采集和格式转换。文件参数规格部分主要对主文件（通用主文件、特殊记录主文件、语音记录主文件）和服务文件（特殊用途服务文件、低保真音质服务文件）的参数规格进行了详细说明。参数规格涉及编码、通道数、采样率、量化位、文件格式处理等。后期编辑与处理部分主要描述了音频数据的后期编辑与处理，如降噪、剪切、拼接、留空白等。元数据著录部分主要规定了音频数据加工过程中应为主文件和服务文件标记的内容项。信息封装部分主要对 WAVE 或 BWF、MP3 等音频数据应封装的基本信息进行了说明。保存与存储部分简述了主文件和服务文件的保存介质及镜像备份。文件命名部分说明了音频数据文件或存储文件夹的命名要求。质量控制部分列举了已加工音频文件应达到的质量要求。

【修订情况】

无。

注：根据文科技〔2017〕84 号，该标准于 2017 年 2 月 10 日废止。

WH/T 50—2012　网络资源元数据规范

【标　准　号】WH/T 50—2012

【标准名称】网络资源元数据规范

【采标情况】无

【发布时间】2012 年 8 月 6 日

【实施时间】2012 年 12 月 1 日

【起草单位】上海图书馆、国家图书馆、黑龙江省图书馆

【起　草　人】赵亮、刘炜、张春景、胡洁、曲云鹏、王妍、邓小妞、孟巍

【适用范围】

本标准规定了网络资源的范围、著录对象、著录对象间的关系，在此基础上确立了网络资源元数据规范的元素集及扩展规则，并详细定义了元素及其修饰词。本标准适用于图书情报领域，其他专业资源领域可直接或经修订后采用本规范，但其修订须遵循本规范的基本原则与扩展原则。

【主要内容】

本标准正文共包括 7 部分内容，分别是：范围，规范性引用文件，术语和定义，网络资源著录，元素集及扩展原则，元素及其修饰词的定义属性，元素及其修饰词的定义。其中，网络资源著录部分主要对网络资源的范围、著录单位、著录对象、著录对象之间的关系等内容进行了系统说明。元素集及扩展原则部分主要规定了网络资源元数据元素集和元数据规范的 5 条扩展原则。元素及其修饰词的定义属性部分主要对网络资源元数据规范术语的属性名、属性定义、约束等进行了详细说明。元素及其修饰词的定义部分主要描述了 19 个元素(如名称、创建者、主题、描述、出版者、日期、类型、格式等)、26 个元素修饰词(如交替名称、目录、摘要、创建日期、发布日期等)和 23 个编码体系修饰词(如美国国会图书馆标题表、医学主题词表、杜威十进分类法、国际十进分类法等)在名称、出处、标签、定义、注释、术语类型等方面的内容。

【修订情况】

无。

WH/T 51—2012 图像元数据规范

【标 准 号】WH/T 51—2012

【标准名称】图像元数据规范

【采标情况】无

【发布时间】2012 年 8 月 6 日

【实施时间】2012 年 12 月 1 日

【起草单位】上海交通大学图书馆、国家图书馆、山西省图书馆、浙江图书馆

【起 草 人】郑巧英、彭佳、李芳、陈幼华、曲建峰、张洁、李成文、陈月婷、李静、杨飞飞、何建利

【适用范围】

本标准规定了图像资源(包括所有原生和派生的图像资源)的内容和外观描述,给出图像资源定位与管理的一般性方法。本标准适用于描述数字形态的图像资源,也可用于描述其他载体形态的图像资源。拓片、地图(舆图)以及古文献图像资源宜另行制定专门的元数据规范,不属于本标准描述的对象。本标准主要供文化信息机构使用,其他信息资源领域可直接或经修订后采用,但其修订必须遵循本标准的基本原则与扩展原则。

【主要内容】

本标准正文包括 7 部分内容,分别是:范围,规范性引用文件,术语和定义,图像资源著录,元素集及扩展原则,元素集及元素定义说明,元素及其修饰词定义。其中,图像资源著录部分主要对图像资源著录的单位和对象等内容进行了系统说明。元素集及扩展原则部分主要规定了图像资源的元数据元素集(共 22 个元素)和 5 条扩展原则。元素集及元素定义说明部分主要对图像元数据标准术语的属性名、属性定义、约束等进行了详细说明。元素及其修饰词定义部分主要描述了 22 个元数据元素(如名称、创建者、主题、出版者、日期、类型、格式等)、24 个元素修饰词(如交替名称、摘要、目次、创建日期、发布日期等)、16 个编码体系修饰词(如汉语主题词表、中国分类主题词表、中国图书馆分类法等)在名称、出处、标签、定义、注释、术语类型等方面的内容。

【修订情况】

无。

WH/T 52—2012 管理元数据规范

【标 准 号】WH/T 52—2012

【标准名称】管理元数据规范

【采标情况】无

【发布时间】2012 年 10 月 25 日

【实施时间】2012 年 12 月 1 日

【起草单位】上海交通大学图书馆、国家图书馆、陕西省图书馆

【起 草 人】郑巧英、王绍平、张洁、彭佳、李芳、汪东波、赵悦、解虹

【适用范围】

本标准规定了管理元数据框架的设计原则与应用扩展原则，构建了信息资源管理元数据框架及其数据模型，制定了元数据框架的数据词典。本标准适用于文化行业信息机构，其他行业信息资源领域可直接或经修订后采用，但其修订必须遵循本标准的基本原则与扩展原则。

【主要内容】

本标准正文包括 8 部分内容，分别是：范围，规范性引用文件，术语和定义，管理元数据框架，数据模型，管理元数据的语义，数据词典，管理元数据的描述语言与语法结构。其中，管理元数据框架部分主要对管理元数据框架设计的基本原则（模块化原则、开放性原则、互操作性原则）和扩展原则（横向扩展原则、纵向扩展原则）进行了系统说明。数据模型部分主要描述了管理元数据框架的数据模型，并对其基本实体及实体间的映射关系进行了详细说明。管理元数据的语义部分主要对管理元数据的属性名、属性定义、约束等内容进行了明确描述。数据词典部分主要规定了数据词典的基本结构，同时描述了各通用元素（标识符、信息资源、权限、代理、事件、政策等）和专用元素（采集来源、采集方式、采集决定、加工请求等）的属性名和属性。管理元数据的描述语言与语法结构部分明确规定管理元数据框架采用 XML 语言及其相关的语法结构作为元数据编码语言，并作为相关应用系统的对外数据接口。本标准有 2 个附录。附录 A《扩展的修饰词[通用元素]》为规范性附录，对信息资源、技术信息、代理、政策等所含内容的属性名和属性逐一进行了定义。附录 B《元素与修饰词列表》为资料性附录，给出了通用元素、专用元素、编码体系修饰词、扩展的修饰词等内容在标准中对应的条目。

【修订情况】

无。

WH/T 62—2014　音频资源元数据规范

【标　准　号】WH/T 62—2014

【标准名称】音频资源元数据规范

【采标情况】无

【发布时间】2014 年 1 月 6 日

【实施时间】2014 年 4 月 1 日

【起草单位】国家图书馆、文化部全国公共文化发展中心、湖北省图书馆

【起　草　人】汪东波、周晨、王秀香、崔延杰、范志毅

【适用范围】

本标准规定了音频资源的著录单位和著录对象，确立了音频资源元数据规范的元素集及扩展规则，并详细定义了元素及其修饰词。本标准针对音频资源的内容和外观特征进行规定，针对音频资源的通用性元素进行设计。如需要描述特定类型的元素，可在本标准元数据框架的基础上进行扩展。

【主要内容】

本标准正文包括 7 部分内容，分别是：范围，规范性引用文件，术语和定义，音频资源著录，元素集及扩展原则，元素集及元素定义说明，元素及修饰词定义。其中，音频资源著录部分主要对音频资源著录的单位和对象等内容进行了系统说明。元素集及扩展原则部分主要规定了音频资源的元数据元素集(有 18 个元素)和 5 条扩展原则。元素集及元素定义说明部分主要对音频资源元数据规范术语的属性名、属性定义、约束等进行了详细说明。元素及其修饰词定义部分主要规定了 18 个元素(如题名、创建者、主题、出版者、其他责任者等)、35 个元素修饰词(如并列题名、交替题名、摘要、目次等)、18 个编码体系修饰词(如汉语主题词表、中国分类主题词表、中国图书馆分类法等)在名称、出处、标签、定义、注释、术语类型等方面的内容。

【修订情况】

无。

WH/T 63—2014　视频资源元数据规范

【标 准 号】WH/T 63—2014

【标准名称】视频资源元数据规范

【采标情况】无

【发布时间】2014 年 1 月 6 日

【实施时间】2014 年 4 月 1 日

【起草单位】国家图书馆、全国公共文化发展中心、北京大学信息管理系、浙江图书馆、四川省图书馆

【起 草 人】李春明、琚存华、段明莲、周晨、邱奉捷、弓蕴、刘峥、赵悦、陈晔、詹利华、王立平、孙子山、徐志熹

【适用范围】

本标准规定了视频资源的著录单位和著录对象,确立了视频资源元数据规范的元素集及扩展规则,并详细定义了元素及其修饰词。本标准针对视频资源的内容和外观特征进行规定,针对视频资源的通用性元素进行设计。如需要描述特定类型的元素,可以在本标准元数据框架的基础上进行扩展。

【主要内容】

本标准正文包括 7 部分内容,分别是:范围,规范性引用文件,术语和定义,视频资源著录,元素集及扩展原则,元素集及元素定义说明,元素及其修饰词定义。其中,视频资源著录部分主要对视频资源著录的单位和对象等内容进行了系统说明。元素集及扩展原则部分主要规定了视频资源元数据集(有 18 个元素)和 5 条扩展原则。元素集及元素定义说明部分主要对是视频资源元数据标准术语的属性名、属性定义、约束等进行了具体说明。元素及其修饰词定义部分主要规定了 18 个元素(如题名、创建者、主题、出版者、其他责任者等)、41 个元素修饰词(如并列题名、交替题名、摘要、目次等)、18 个编码体系修饰词(如汉语主题词表、中国分类主题词表、中国图书馆分类法等)在名称、出处、标签、定义、注释、术语类型等方面的内容。

【修订情况】

无。

WH/T 64—2014 电子连续性资源元数据规范

【标　准　号】WH/T 64—2014

【标准名称】电子连续性资源元数据规范

【采标情况】无

【发布时间】2014 年 1 月 6 日

【实施时间】2014 年 4 月 1 日

【起草单位】国家图书馆、中国科学院文献情报中心、辽宁省图书馆

【起　草　人】谢强、梁蕙玮、萨蕾、韩超、王文玲、张建勇、刘峥、邱玉婷、卢丹、吴丽杰

【适用范围】

本标准规定了电子连续性资源的范围、著录对象、著录对象间的关系，确立了电子连续性资源元数据规范的元素集及扩展规则，并详细定义了元素及其修饰词。本标准针对电子连续性资源(包括原生和派生的电子连续性资源)的内容和外观特征进行规定。本标准主要是针对电子连续性资源的通用性元素进行设计。如需要描述特定类型的元素，可以在本标准元数据框架的基础上进行扩展。

【主要内容】

本标准正文包括 7 部分内容，分别是：范围，规范性引用文件，术语和定义，电子连续性资源著录，元素集及扩展原则，元素集及元素定义说明，元素及其修饰词定义。其中，电子连续性资源著录部分主要对电子连续性资源著录的单位、对象、信息源等内容进行了系统说明。元素集及扩展原则部分主要规定了电子连续性资源元数据元素集(有 16 个元素)和 5 条扩展原则。元素集及元素定义说明部分主要对电子连续性资源元数据标准术语的属性名、属性定义、约束等进行了详细说明。元素及其修饰词定义部分主要规定了 16 个元素(如题名、创建者、主题、出版者、其他责任者等)、27 个元素修饰词(如其他题名、分类号、主题词、关键词等)、20 个编码体系修饰词(如中国图书馆分类法、汉语主题词表、中国分类主题词表等)在名称、出处、标签、定义、注释、术语类型等方面的内容。

【修订情况】

无。

WH/T 65—2014 电子图书元数据规范

【标　准　号】WH/T 65—2014

【标准名称】电子图书元数据规范

【采标情况】无

【发布时间】2014 年 1 月 6 日

【实施时间】2014 年 4 月 1 日

【起草单位】国家图书馆、上海交通大学图书馆、广东省立中山图书馆

【起　草　人】邢军、梁蕙玮、萨蕾、张红、郑巧英、陈幼华、曲建峰、田颖、毛凌文、潘咏怡

【适用范围】

本标准规定了电子图书的范围、著录对象、著录对象间的关系，在此基础上确立了电子图书元数据规范的元素集及扩展规则，并详细定义了元素及其修饰词。本标准针对电子图书的通用性元素进行设计，如需要描述特定类型的元素，可以在本标准元数据框架的基础上进行扩展。本标准适用于图书情报行业，其他专业资源领域可直接或经修订后采用，但其修订必须遵循本标准的基本原则与扩展原则。

【主要内容】

本标准正文包括 7 部分内容，分别是：范围，规范性引用文件，术语和定义，电子图书著录，元素集及扩展原则，元数据规范术语定义属性，元素及其修饰词定义。其中，电子图书著录部分主要对电子图书的范围界定、著录单位、著录对象之间的关系进行了系统说明。元素集及扩展原则部分主要规定了电子图书元数据元素集（有 19 个元素）和 5 条扩展原则。元数据规范术语定义属性部分主要对电子图书元数据规范术语的属性名、属性定义、约束等进行了详细说明。元素及其修饰词定义部分主要规定了 19 个元素（如题名、创建者、主题、出版者、其他责任者等）、22 个元素修饰词（如交替题名、目次、摘要等）、21 个编码体系修饰词（如汉语主题词表、中国分类主题词表、中国图书馆分类法等）在名称、出处、标签、定义、术语类型等方面的内容。

【修订情况】

无。

WH/T 66—2014 古籍元数据规范

【标　准　号】WH/T 66—2014

【标准名称】古籍元数据规范

【采标情况】无

【发布时间】2014 年 1 月 6 日

【实施时间】2014 年 4 月 1 日

【起草单位】国家图书馆、北京大学图书馆、上海图书馆

【起　草　人】苏品红、鲍国强、刘大军、孙俊、郭立暄、谢冬荣、陈雷

【适用范围】

本标准规定了描述古籍资源内容和外观特征的专门元数据元素集，以及古籍资源定位与管理的一般性方法。本标准适用于描述由古籍原物转换为数字形态的古籍资源，也可用于描述纸本原物形态的古籍资源。本标准主要供文化信息机构使用，其他信息资源领域可直接或经修订后采用，但其修订必须遵循本文件的基本原则与扩展原则。

【主要内容】

本标准正文包括 7 部分内容，分别是：范围，规范性引用文件，术语和定义，古籍资源著录，元素集与扩展原则，元素集及定义说明，元素及其修饰词定义。其中，古籍资源著录部分主要对古籍著录单位、对象、信息源等内容进行了系统说明。元素集与扩展原则部分主要规定了古籍元数据元素集（有 21 个元素）和 5 条扩展原则。元素集及定义说明部分主要对古籍元数据标准术语的属性名、属性定义、约束等进行了详细说明。元素及其修饰词定义部分主要规定了 21 个元素（如题名、主要责任者、其他责任者、出版者、主题等）、43 个元素修饰词（如并列题名、版心题名、内封题名等）、5 个编码体系修饰词（如年号纪年、公元纪年、中国分类主题词表等）在名称、出处、标签、定义、术语类型等方面的内容。本标准有 1 个附录，附录 A《古籍元数据规范著录示例》为资料性附录，给出了古籍数字资源元数据著录示例和古籍原物元数据著录示例。

【修订情况】

无。

WH/T 67—2014 期刊论文元数据规范

【标 准 号】WH/T 67—2014

【标准名称】期刊论文元数据规范

【采标情况】无

【发布时间】2015 年 1 月 6 日

【实施时间】2015 年 4 月 1 日

【起草单位】国家图书馆、中国科学院文献情报中心、山东省图书馆

【起 草 人】贺燕、王洋、曹宁、槐燕、杨静、王彦侨、王宇鸽、钟晶晶、张建勇、刘峥、鲁宁、周玉山

【适用范围】

本标准根据期刊论文资源的内容和特征规定了期刊论文资源的范围、著录对象、著录对象间的关系，确立了期刊论文元数据规范的元素集，并详细定义了元素及其修饰词。本标准针对期刊论文的通用性元素进行设计，对于其他未包括在内的，以及在应用发展中可能会出现的信息，可以在本标准规范框架的基础上进行扩展。本标准适用于文化信息机构，其他信息资源领域可直接或经修订后采用，但其修订必须遵循本规范的基本原则与扩展原则。

【主要内容】

本标准正文包括 7 部分内容，分别是：范围，规范性引用文件，术语和定义，期刊论文著录，元素集及扩展原则，元素集及元素定义说明，元素及其修饰词定义。其中，期刊论文著录部分主要对期刊论文著录的对象和单位等内容进行了系统说明。元素集及扩展原则部分主要规定了期刊论文元数据元素集（包括 14 个元素、20 个元素修饰词、17 个编码体系修饰词）和 5 条扩展原则。元素集及元素定义说明部分主要对期刊论文元数据标准术语的属性名、属性定义、约束等进行了具体说明。元素及其修饰词定义部分主要规定了 14 个元素（如题名、创建者、主题、其他责任者等）、20 个元素修饰词（如并列题名、其他题名、分类号、主题词等）、17 个编码体系修饰词（如中国图书馆分类法、汉语主题词表、中国分类主题词表等）在名称、出处、标签、定义、术语类型等方面的内容。

【修订情况】

无。

WH/T 68—2014 学位论文元数据规范

【标 准 号】WH/T 68—2014

【标准名称】学位论文元数据规范

【采标情况】无

【发布时间】2014 年 6 月 12 日

【实施时间】2014 年 10 月 1 日

【起草单位】清华大学图书馆、国家图书馆、重庆图书馆

【起 草 人】赵阳、姜爱蓉、蒋宇弘、张收棉、邓继权

【适用范围】

本标准规定了学位论文资源的范围、著录对象、著录对象间的关系，确立了学位论文资源元数据规范的元素集及扩展规则，并详细定义了元素及其修饰词。本标准主要针对学位论文资源的通用性元素进行设计，如需要描述特定类型的元素，可以在本标准元数据框架的基础上进行扩展。本标准适用于硕士学位论文和博士学位论文。

【主要内容】

本标准正文包括 7 部分内容，分别是：范围，规范性引用文件，术语和定义，学位论文著录，元素集及扩展原则，元素集及元素定义说明，元素及其修饰词定义。其中，学位论文著录部分主要对学位论文著录的单位和对象等内容进行了系统说明。元素集及扩展原则部分主要规定了学位论文元数据元素集（有 16 个元素）和 5 条扩展原则。元素集及元素定义说明部分主要对学位论文元数据术语的属性名、属性定义、约束等进行了具体说明。元素及其修饰词定义部分主要规定了 16 个元素（如题名、创建者、主题、其他责任者等）、31 个元素修饰词（如其他题名、培养机构、目次、摘要等）、20 个编码体系修饰词（如汉语主题词表、中国图书馆分类法、中国分类主题词表等）在名称、出处、标签、定义、术语类型等方面的内容。

【修订情况】

无。

WH/T 69—2014　乡镇图书馆统计指南

【标　准　号】WH/T 69—2014

【标准名称】乡镇图书馆统计指南

【采标情况】无

【发布时间】2014 年 8 月 26 日

【实施时间】2014 年 11 月 1 日

【起草单位】陕西省图书馆、国家图书馆、湖北省图书馆

【起　草　人】谢林、万行明、解虹、陈茹、田颖、贺定安、万群华、徐力文

【适用范围】

　　本标准规定了乡镇图书馆业务统计各项指标的定义，并对各项指标的统计要求给出了明确规定。本标准适用于乡镇图书馆和乡镇综合文化站的图书室。街道图书馆（室）、社区图书馆（室）、村图书馆（室）、乡镇民办图书馆（室）可参照使用。

　　【主要内容】

　　本标准正文包括 4 部分内容，分别是：范围，术语和定义，统计数据报告，统计数据收集。其中，统计数据报告部分主要对统计数据涉及的时间周期、数据的抽样估算进行了说明。统计数据收集部分对乡镇图书馆基础设施、现代化技术设备、人员、经费、馆藏资源、普通服务及社会教育活动方面的数据统计进行规范。本标准有 1 个附录，附录 A《乡镇图书馆统计年报表》为资料性附录，给出了乡镇图书馆统计年报表样例。

　　【修订情况】

　　无。

WH/T 70.1—2015 公共图书馆评估指标
第 1 部分：省级公共图书馆

【标 准 号】WH/T 70.1—2015

【标准名称】公共图书馆评估指标 第 1 部分：省级公共图书馆

【采标情况】无

【发布时间】2015 年 1 月 9 日

【实施时间】2015 年 4 月 1 日

【起草单位】国家图书馆、首都图书馆、广西壮族自治区图书馆

【起 草 人】刘小琴、申晓娟、王秀香、李丹、韩超、白雪华、尹寿松、张剑、倪晓建、徐欣禄

【适用范围】

本标准为 WH/T 70《公共图书馆评估指标》系列标准的第 1 部分。本标准规定了省级公共图书馆评估指标体系的构成，确定了省级公共图书馆设施设备、经费与人员、文献资源、服务工作、协作协调、管理与表彰 6 个方面的评估指标。本标准适用于各级文化主管部门、社会第三方组织以及图书馆自身面向省级公共图书馆开展的评估工作，对副省级城市图书馆的评估可参照执行。

【主要内容】

本标准正文包括 5 部分内容，分别是：范围，规范性引用文件，术语和定义，总则，省级公共图书馆评估指标。其中，总则部分主要对评价指标、评价方法、评估指标的取舍与扩展、评估指标的权重系数及打分标准、数据获取等进行了系统说明。省级公共图书馆评估指标部分主要规定了省级公共图书馆评估指标体系的构成。该指标体系包括省级公共图书馆设施设备、经费与人员、文献资源、服务工作、协作协调、管理与表彰 6 个方面的 99 个实际测评指标。本标准有 2 个附录。附录 A《评估指标描述》为规范性附录，对实际测评指标从定义和方法两个方面进行了详细描述。定量指标规定了基本值和良好值两档指标值，并提供了指标值的计算方法；定性指标规定了重点考查因素或重点考查内容。附录 B《读者满意率调查表》为资料性附录，对读者满意率调查的内容和方法进行了描述。

【修订情况】

无。

WH/T 70.2—2015 公共图书馆评估指标
第2部分：市级公共图书馆

【标 准 号】WH/T 70.2—2015

【标准名称】公共图书馆评估指标 第2部分：市级公共图书馆

【采标情况】无

【发布时间】2015年1月9日

【实施时间】2015年4月1日

【起草单位】国家图书馆、东莞图书馆、首都图书馆、广西壮族自治区图书馆

【起 草 人】刘小琴、申晓娟、韩超、王秀香、李丹、白雪华、尹寿松、张剑、李东来、倪晓建、徐欣禄

【适用范围】

本标准为 WH/T 70《公共图书馆评估指标》系列标准的第2部分。本标准规定了市级公共图书馆评估指标体系的构成，确定了市级公共图书馆设施设备、经费与人员、文献资源、服务工作、协作协调、管理与表彰6个方面的评估指标。本标准适用于各级文化主管部门、社会第三方组织以及图书馆自身面向市级公共图书馆开展的评估工作。

【主要内容】

本标准正文包括5部分内容，分别是：范围，规范性引用文件，术语和定义，总则，市级公共图书馆评估指标。其中，总则部分主要对评价指标、评价方法、评估指标的取舍与扩展、评估指标的权重系数及打分标准、数据获取等进行了系统说明。市级公共图书馆评估指标部分主要规定了市级公共图书馆评估指标体系的构成。该指标体系包含设施设备、经费与人员、文献资源、服务工作、协作协调、管理与表彰6个方面的80个实际测评指标。本标准有2个附录。附录A《评估指标描述》为规范性附录，对指标从定义和方法两个方面进行了详细描述。定量指标规定了基本值和良好值两档指标值，并提供了指标值的计算方法；定性指标规定了重点考查因素或重点考查内容。附录B《读者满意率调查表》为资料性附录，对读者满意率调查的内容和方法进行了描述。

【修订情况】

无。

WH/T 70.3—2015 公共图书馆评估指标
第3部分：县级公共图书馆

【标 准 号】WH/T 70.3—2015

【标准名称】公共图书馆评估指标 第3部分：县级公共图书馆

【采标情况】无

【发布时间】2015年1月9日

【实施时间】2015年4月1日

【起草单位】国家图书馆、首都图书馆、广西壮族自治区图书馆

【起 草 人】刘小琴、申晓娟、李丹、王秀香、韩超、白雪华、尹寿松、张剑、倪晓建、徐欣禄

【适用范围】

本标准为WH/T 70《公共图书馆评估指标》系列标准的第3部分。本标准规定了县级公共图书馆评估指标体系的构成，确定了县级公共图书馆设施与设备、经费与人员、文献资源、服务工作、协作协调、管理与表彰6个方面的评估指标。本标准适用于各级文化主管部门、社会第三方组织以及图书馆自身面向县级图书馆开展的评估工作，对县以下乡镇、社区图书馆的评估可参照执行。

【主要内容】

本标准正文包括5部分内容，分别是：范围，规范性引用文件，术语和定义，总则，县级公共图书馆评估指标。其中，总则部分主要对评价指标、评价方法、评估指标的取舍与扩展、评估指标的权重系数及打分标准、数据获取等进行了系统说明。县级公共图书馆评估指标部分主要规定了县级公共图书馆评估指标体系的构成。该指标体系包括设施设备、经费与人员、文献资源、服务工作、协作协调、管理与表彰6个方面的指标。根据所涉评估内容的不同，分别采用定性或定量方法进行评估。本标准有2个附录。附录A《评估指标描述》为规范性附录，对测评指标从定义和方法两个方面进行了详细描述。定量指标规定了基本值和良好值两档指标值，并提供了指标值的计算方法；定性指标规定了重点考查因素或重点考查内容。附录B《读者满意率调查表》为资料性附录，对读者满意率调查的内容和方法进行了描述。

【修订情况】

无。

WH/T 70.4—2015 公共图书馆评估指标
第4部分：省级少年儿童图书馆

【标 准 号】WH/T 70.4—2015

【标准名称】公共图书馆评估指标 第4部分：省级少年儿童图书馆

【采标情况】无

【发布时间】2015年1月9日

【实施时间】2015年4月1日

【起草单位】国家图书馆、天津市少年儿童图书馆、深圳少年儿童图书馆

【起 草 人】刘小琴、汪东波、胡洁、支娟、李彬、白雪华、尹寿松、张剑、李俊国、宋卫

【适用范围】

本标准为 WH/T 70《公共图书馆评估指标》系列标准的第4部分。本标准规定了省级少年儿童图书馆评估指标体系的构成，确定了省级少年儿童图书馆设施设备、经费与人员、文献资源、服务工作、协作协调、管理与表彰6个方面的评估指标。本标准适用于独立建制的省级少年儿童图书馆，副省级城市少年儿童图书馆可参照执行。

【主要内容】

本标准正文包括5部分内容，分别是：范围，规范性引用文件，术语和定义，总则，省级少年儿童图书馆评估指标。其中，总则部分主要对评价指标、评价方法、评估指标的取舍与扩展、评估指标的权重系数及打评分标准、数据获取进行了系统说明。省级少年儿童图书馆评估指标部分主要规定了省级少年儿童图书馆评估指标体系的构成。该指标体系包含设施设备、经费与人员、文献资源、服务工作、协作协调、管理与表彰6个方面的指标。根据所涉评估内容的不同，分别采用定性或定量方法进行评估。本标准有2个附录。附录A《评估指标描述》为规范性附录，对测评指标从定义和方法两个方面进行了详细描述。定量指标规定了基本值和良好值两档指标值，并提供了指标值的计算方法；定性指标规定了重点考查因素或重点考查内容。附录B《读者满意率调查表》为资料性附录，对读者满意率调查的内容和方法进行了描述。

【修订情况】

无。

WH/T 70.5—2015 公共图书馆评估指标
第5部分：市级少年儿童图书馆

【标 准 号】WH/T 70.5—2015

【标准名称】公共图书馆评估指标 第5部分：市级少年儿童图书馆

【采标情况】无

【发布时间】2015年1月9日

【实施时间】2015年4月1日

【起草单位】国家图书馆、天津市少年儿童图书馆、深圳少年儿童图书馆

【起 草 人】刘小琴、汪东波、胡洁、支娟、李彬、白雪华、尹寿松、张剑、李俊国、宋卫

【适用范围】

本标准为 WH/T 70《公共图书馆评估指标》系列标准的第5部分、本标准规定了市级少年儿童图书馆评估指标体系的构成，确定了市级少年儿童图书馆设施与设备、经费与人员、文献资源、服务工作，协作协调、管理与表彰6个方面的评估指标。本标准适用于独立建制的市级少年儿童公共图书馆。

【主要内容】

本标准正文包括5部分内容，分别是：范围，规范性引用文件，术语和定义，总则，市级少年儿童图书馆评估指标。其中，总则部分主要对评价指标、评估方法、评估指标的取舍与扩展、评估指标的权重系数及打分标准、数据获取等进行了系统说明。市级少年儿童图书馆评估指标部分主要规定了市级少年儿童图书馆评估指标体系的构成。该指标体系包含设施与设备、经费与人员、文献资源、服务工作、协作协调、管理与表彰6个方面的53个实际测评指标。根据所涉评估内容的不同，分别采用定性或定量方法进行评估。本标准有2个附录。附录A《评估指标描述》为规范性附录，对测评指标从定义和方法两个方面进行了详细描述。定量指标规定了基本值和良好值两档指标值，并提供了指标值的计算方法；定性指标规定了重点考查因素或重点考查内容。附录B《读者满意率调查表》为资料性附录，对读者满意率调查的内容和方法进行了描述。

【修订情况】

无。

WH/T 70.6—2015 公共图书馆评估指标
第6部分：县级少年儿童图书馆

【标 准 号】WH/T 70.6—2015

【标准名称】公共图书馆评估指标 第6部分：县级少年儿童图书馆

【采标情况】无

【发布时间】2015年1月9日

【实施时间】2015年4月1日

【起草单位】国家图书馆、天津市少年儿童图书馆、深圳少年儿童图书馆

【起 草 人】刘小琴、汪东波、胡洁、支娟、李彬、白雪华、尹寿松、张剑、李俊国、宋卫

【适用范围】

本标准为WH/T 70《公共图书馆评估指标》系列标准的第6部分。本标准规定了县级少年儿童图书馆评估指标体系的构成，确定了县级少年儿童图书馆设施设备、经费与人员、文献资源、服务工作、协作协调、管理与表彰6个方面的评估指标。本标准适用于独立建制的县级少年儿童图书馆。

【主要内容】

本标准正文包括5部分内容，分别是：范围，规范性引用文件，术语和定义，总则，县级少年儿童图书馆评估指标。其中，总则部分主要对评价指标、评价方法、评估指标的取舍与扩展、评估指标的权重系数及打分标准、数据获取进行了系统说明。县级少年儿童图书馆评估指标部分主要规定了县级少年儿童图书馆评估指标体系的构成。该指标体系包含设施与设备、经费与人员、文献资源、服务工作、协作协调、管理与表彰6个方面的47个实际测评指标。根据所涉评估内容的不同，分别采用定性或定量方法进行评估。本标准有2个附录。附录A《评估指标描述》为规范性附录，对测评指标从定义和方法两个方面进行了详细描述。定量指标规定了基本值和良好值两档指标值，并提供了指标值的计算方法；定性指标规定了重点考查因素或重点考查内容。附录B《读者满意率调查表》为资料性附录，对读者满意率调查的内容和方法进行了描述。

【修订情况】

无。

WH/T 71—2015 图书馆参考咨询服务规范

【标 准 号】WH/T 71—2015

【标准名称】图书馆参考咨询服务规范

【采标情况】无

【发布时间】2015 年 6 月 19 日

【实施时间】2015 年 8 月 1 日

【起草单位】广东省立中山图书馆、南京图书馆、福建省图书馆、广西壮族自治区图书馆、天津图书馆

【起 草 人】刘洪辉、沈静、伍清霞、王兵、汤晓鲁、刘煦赞、黄朝晖、黄艳、何玉英、李璐、张为江、王宁

【适用范围】

本标准规定了图书馆参考咨询服务应遵循的法律法规与服务原则、参考咨询服务的服务对象、服务形式、服务内容、参考咨询服务管理、参考咨询服务工作等内容。本标准适用于我国各类型图书馆。在实施过程中，各馆可根据本规范拟定具体的实施细则。其他开展参考咨询服务的机构可参照执行。

【主要内容】

本标准正文包括 5 部分内容，分别是：范围，术语和定义，参考咨询服务总则，参考咨询服务管理，参考咨询服务工作。其中，参考咨询服务总则部分主要对参考咨询服务应遵循的法律法规与原则、参考咨询服务对象、参考咨询服务形式、参考咨询服务内容(包括指向性咨询、指导性咨询、专题性咨询及不提供服务的内容)等进行了系统说明。参考咨询服务管理部分主要规定了参考咨询服务的人员、信息源、系统平台、培训、宣传、合作及评估等方面的内容。参考咨询服务工作部分主要对服务的工作纪律、服务流程、咨询结果质量等内容进行了明确规定。本标准有 1 个附录，附录 A《参考咨询服务评估指标》为资料性附录，给出了图书馆参考咨询服务评估指标体系，其中包括 3 项一级指标、13 项二级指标、35 项三级指标。

【修订情况】

无。

WH/T 72—2015 图书馆数字资源长期保存信息包封装规范

【标 准 号】WH/T 72—2015

【标准名称】图书馆数字资源长期保存信息包封装规范

【采标情况】无

【发布时间】2015 年 7 月 3 日

【实施时间】2015 年 8 月 1 日

【起草单位】国家图书馆、清华大学图书馆、中国电子技术标准化研究院

【起 草 人】魏大威、姜爱蓉、杨东波、董晓莉、童庆钧、郑小惠、高麟鹏、吴静、杨凡

【适用范围】

本标准规定了图书馆数字资源长期保存信息包的构成、术语和定义以及信息包的封装细则，作为系统中数字资源封装和传递的规范。本标准适用于图书馆及其他信息服务机构，在构建数字资源保存系统中作为数字资源传输与封装编码标准，以促进系统之间的互操作。

【主要内容】

本标准正文包括 4 部分内容，分别是：范围，规范性引用文件，术语和定义，信息包封装细则。其中，信息包封装细则部分主要对 METS 根元素、METS 头、描述元数据、管理元数据、文件节、结构图、结构链接和行为等内容进行了规范。本标准有 1 个附录，附录 A《METS 元素与复合类型应用细则》为规范性附录。

【修订情况】

无。

WH/T 73—2016 社区图书馆服务规范

【标 准 号】WH/T 73—2016

【标准名称】社区图书馆服务规范

【采标情况】无

【发布时间】2016 年 3 月 11 日

【实施时间】2016 年 5 月 1 日

【起草单位】深圳图书馆、深圳市罗湖区图书馆、深圳市龙岗图书馆、全国中小型公共图书馆联合会、贵州省图书馆、东莞图书馆

【起 草 人】王林、师丽梅、肖焕忠、余胜英、朱淑华、郭斌、胡明超、关燕云、吴志敏、卢向东、张利娜

【适用范围】

本标准规定了社区图书馆服务资源、服务提供、服务管理、社会参与及服务保障等内容。本标准适用于所有社区图书馆，其他同级或规模较小的图书馆可参照执行。

【主要内容】

本标准正文包括 9 部分内容，分别是：范围，规范性引用文件，术语和定义，总则，服务资源，服务提供，服务管理，社会参与，服务保障。其中，总则部分主要对社区图书馆在公共图书馆服务体系中的属性、职责、管理、服务执行标准等内容进行了简要说明。服务资源部分主要规定了社区图书馆的服务设施与设备、服务人员、文献资源等具体内容。服务提供部分主要对文献借阅、电子阅览、咨询服务、读者活动、服务时间、服务宣传6 方面的内容进行了详细规定。服务管理部分主要描述了社区图书馆的服务运作、文献组织、服务统计、服务安全、服务绩效、服务监督与反馈等相关内容。社会参与部分主要阐明了"鼓励机构、个人合作共建或独立兴办社区图书馆"和"积极导入志愿者服务机制，建立志愿者队伍，吸引民众参与社区图书馆服务"方面的内容。服务保障部分主要从政策保障、经费保障、人员保障 3 个方面强调了如何保障社区图书馆服务的正常开展。

【修订情况】

无。

WH/T 74—2016　图书馆行业条码

【标　准　号】WH/T 74—2016

【标准名称】图书馆行业条码

【采标情况】无

【发布时间】2016 年 4 月 21 日

【实施时间】2016 年 7 月 1 日

【起草单位】国家图书馆

【起　草　人】邢军、董曦京、张红、只莹莹、陈攀

【适用范围】

本标准规定了图书馆行业条码的数据元素、数据结构、基础码制、图书馆条码与基础条码的数据转接编码方式和条码标签印刷格式。本标准适用于图书馆行业条码编码及条码标签制作，相关文献信息机构可参考采用。

【主要内容】

本标准正文包括 7 部分内容，分别是：范围，规范性引用文件，术语和定义，条码数据元素及数据结构，基础条码的选择，条码标签印刷格式，图书馆行业条码适用条件说明。其中，条码数据元素及数据结构部分主要对图书馆行业条码数据模型元素表(包括元素序号、元素名称、引用来源、编码方式、用途说明)、条码数据元素使用(包括前缀标识、应用类别标识等)、条码数据结构(包括指示及控制参数、基本数据、附加数据)等内容进行了系统说明。基础条码的选择部分主要规定了基础条码码制的选择、基础条码与用户数据转接编码格式、纠错等级。条码标签印刷格式部分主要对条码标签图案布局、条码标签几何尺寸进行了详细说明，并给出条码标签示例。图书馆行业条码适用条件说明部分主要阐明了本标准条码的相关适用条件、兼容性、程序逻辑、应用方法等问题。

【修订情况】

无。

WH/T 76—2016　流动图书车车载装置通用技术条件

【标 准 号】WH/T 76—2016

【标准名称】流动图书车车载装置通用技术条件

【采标情况】无

【发布时间】2016 年 7 月 19 日

【实施时间】2016 年 11 月 1 日

【起草单位】文化部财务司、中国艺术科技研究所、河北省图书馆、武汉图书馆

【起 草 人】马秦林、魏冀、于爱国、闫常青、沙狄、胡晓群、刘建华、姜立中、顾玉青、杨洪江、杨文静、冯宝秀、刘彤、纪锋亚、李静霞、张颖、魏丹、纪赞

【适用范围】

本标准规定了流动图书车车载装置的主要总成、安全防护装置等有关运行安全的基本技术要求，以及车载改装用电设备明细的要求。本标准适用于我国流动图书车车载设备。

【主要内容】

本标准正文包括 9 部分内容，分别是：范围，规范性引用文件，术语定义，总体要求，产品型号编制，技术要求，试验方法，检验规程，其他要求。其中，总体要求部分对流动图书车改装的主体、材料和装备给出要求，同时对流动图书车的基本功能和扩展功能，流动图书车的性能要求进行规范。产品型号编制部分对改装后的流动图书车型号编制给出要求，并给出示例说明。技术要求部分对流动图书车的安全配置要求、整车配置要求、专用配置要求及辅助配置要求给出规范。试验方法部分从功能试验和安全试验角度对流动图书车的功能和装置试验给出要求。检验规程部分从型式试验和出厂检验两个角度给出要求，并同时给出了应遵循的检验标准。其他要求部分从标志、随车文件、运输、贮存、维修和保养 5 个方面做出规定。本标准有 1 个规范性附录，附录 A《车载改装用电设备明细表》给出了专用照明、驻车空调和多媒体系统的车载改装用电设备要求。

【修订情况】

无。

附录 标准规范起草人索引

附录　标准规范起草人索引▶

图书在版编目(CIP)数据

图书馆业务工作相关标准规范概览/申晓娟主编. —北京：北京师范大学出版社，2019.1

（全国基层文化队伍培训用书）

ISBN 978-7-303-23504-9

Ⅰ.①图… Ⅱ.①申… Ⅲ.①图书馆工作－标准－业务培训－教材 Ⅳ.①G251.5-65

中国版本图书馆 CIP 数据核字（2018）第 025528 号

营 销 中 心 电 话　010-58802181　58805532
北师大出版社高等教育与学术著作分社　http://xueda.bnup.com

TUSHUGUAN YEWU GONGZUO XIANGGUAN BIAOZHUN
GUIFAN GAILAN

出版发行：北京师范大学出版社　www.bnup.com
　　　　　北京市海淀区新街口外大街 19 号
　　　　　邮政编码：100875

印　　刷：北京溢漾印刷有限公司
经　　销：全国新华书店
开　　本：787 mm×1092 mm　1/16
印　　张：15
字　　数：289 千字
版　　次：2019 年 1 月第 1 版
印　　次：2019 年 1 月第 1 次印刷
定　　价：49.80 元

策划编辑：周　粟　　　　责任编辑：周　鹏
美术编辑：王齐云　　　　装帧设计：王齐云
责任校对：段立超　　　　责任印制：马　洁